생성형 인공지능 소프트웨어와 저작권

생성형 인공지능 소프트웨어와 저작권

초판 1쇄 발행 2026년 2월 10일

지은이 박정인, 오성택
펴낸이 장길수
펴낸곳 지식과감성#
출판등록 제2012-000081호

교정 한장희
디자인 정윤솔
편집 정윤솔
검수 이주연, 이현
마케팅 김윤길

주소 서울시 금천구 벚꽃로298 대륭포스트타워6차 1212호
전화 070-4651-3730~4
팩스 070-4325-7006
이메일 ksbookup@naver.com
홈페이지 www.knsbookup.com

ISBN 979-11-392-3083-3(93360)
값 18,000원

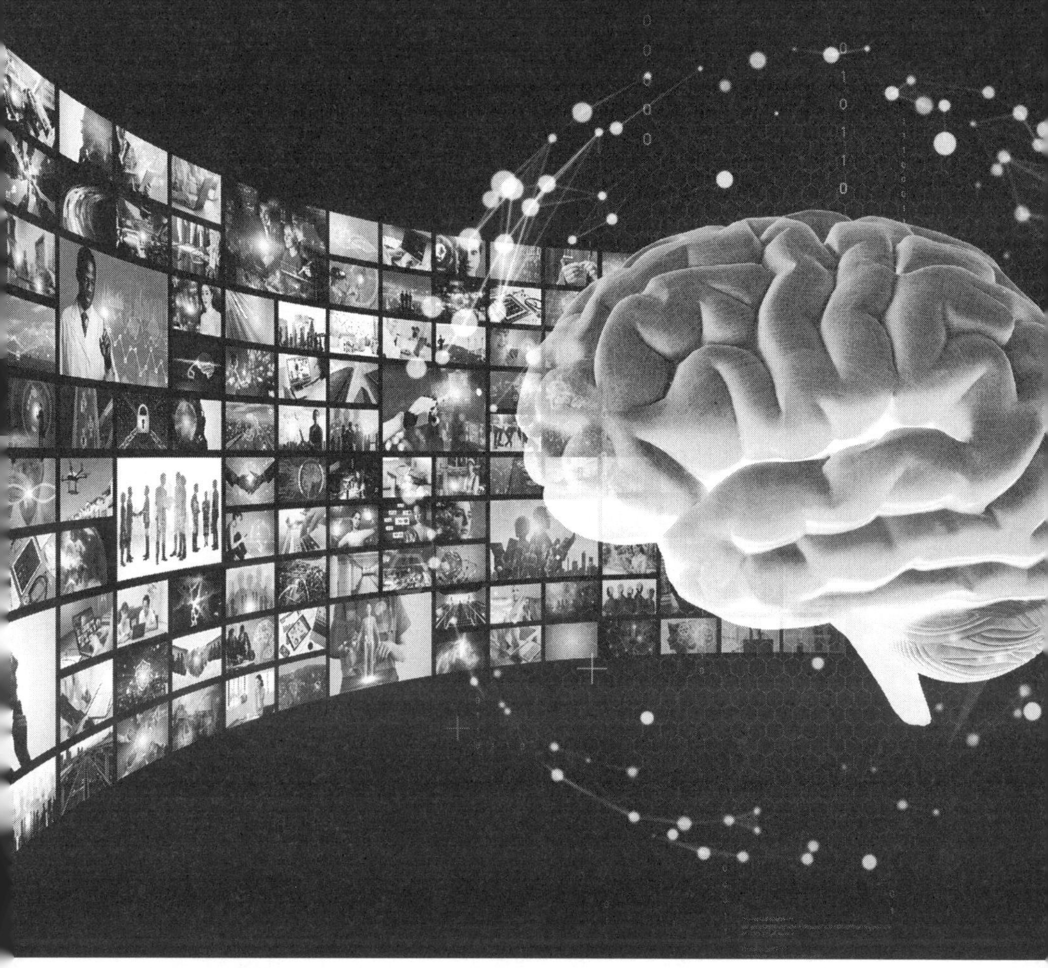

생성형 인공지능 소프트웨어와 저작권

박정인 오성택

지식과감성#

머리말

EU AI Act(유럽연합 인공지능법)은 세계 최초의 포괄적 AI 규제 체계로, AI 시스템의 개발·배포·사용에 대한 법적 기준을 제시하였다. 2024년 7월 12일 유럽연합 관보에 게재되고 2024년 8월 1일 법률로 정식 발효(법적 효력 발생)된 이후 AI Act는 발효 이후 즉시 전면 시행되는 것이 아니라, 위험 수준별로 단계적 적용이 진행되고 있다. 먼저 금지 조항과 기본 규정으로 불리는 아예 용납 불가능한 금지되는 AI 시스템 규정은 2025년 2월 2일 발효 후 6개월인 8월 2일부터 시행되기 시작했다. 이어 주요 구조와 범용 AI 의무 적용규정인 통지기관과 관련한 규정과 범용 AI 설정 및 의무에 관한 규정 등은 2025년 8월 2일 발효 후 12개월로 2026년 8월 2일부터 시행된다.

가장 어려운 부분인 고위험 AI 시스템 규칙인 보호, 리스크 관리 등 주요 의무 적용은 원래 2026년 8월 2일이었으나 연기되었으며, 전체의 완전 적용으로서 모든 의무 적용 및 장치 시행은 2027년 8월 2일,

즉 36개월 후에 전면 적용될 예정이다. 그리하여 전면적인 규제 적용은 원칙적으로 2027년 8월 2일까지 완료될 예정이다.

EU AI Act 시행이 원래 의도보다 늦춰지거나 일부 규정의 시점이 변경되는 데에는 몇 가지 이유가 있었다.

첫째, 복잡한 기술·정책 준비 기간이 필요했다. AI Act는 세계 최초로 대규모 AI에 법적 규율을 가하려는 시도이므로, 시행에 앞서 기술 표준, 구체적 구현 규칙, 지침과 도구, 예를 들어 AI Office의 규제 도구 등을 마련해야 했다. 이러한 구체 규칙이 충분히 마련되지 않은 상태에서 시행을 강행하면, 혼란·불확실성이 커질 수 있기 때문이다. 두 번째 지연의 이유로는 산업계·기업들의 부담 및 반발로 인한 것이다. 이는 고위험 AI 규제의 비용 부담이 발생하며 규제 준수를 해야 하는 기업들이 스스로 고위험 AI 의무를 이해하지 못한 탓도 크다. 그래서 이를 적용할 시점의 연장 제안 등을 논의하면서 경쟁력을 조금이라도 더 유지하고자 몸부림치고 있는 저항으로 인한 것이라 하겠다. 세 번째 이유는 AI Act가 제대로 안전, 투명성 준수를 하고 있는지 감독하여 형평성을 주고자 한다면 기술 표준, 감독 인프라 구축을 EU가 마무리하지 못한 탓이다. 즉, 안전, 투명성 표준을 연구하고 고위험 시스템 심사기관 등을 도입하여야 하는데, 이에 대한 준비가 덜 끝난 것이다.

EU AI Act(규정 (EU) 2024/1689) 기준으로, 기업이 실제로 무엇을 해야 하는지를 살펴보면 먼저 개발하면 안 되는 AI, 금지(Prohibited) AI 유형은 아예 개발이 금지된다. AI Act Article 5는 특정 용도의 AI를 EU 내 시장 출시, 서비스, 사용 자체를 금지하는데,

대표적으로 취약계층, 예를 들어 아동 등이 결정하는 것을 악용하거나, 잠재의식·조작적 기법으로 행동을 왜곡하는 AI, 사회적으로 인간을 점수화(social scoring)하거나 기본권을 침해하는 감시·조작하는 AI, 직장·교육기관에서의 감정추론(emotion recognition) 하는 AI 등은 개발 자체가 금지된다. 다만 예외적으로 의료·안전 목적의 AI는 가능하다. 그러나 금지 AI는 개발 당시에 모든 부작용을 미루어 짐작할 수 없는 한계가 있고, 모델 성능 자체의 문제가 아니라 사용 시나리오(Use case)와 서비스 기업에서의 이용 방식에서 문제가 될 수도 있기 때문에 개발 자체를 금지하는 것이 실제 가능하냐는 의문도 제기되고 있다. 그러므로 개발된 AI가 유통된다고 하더라도 이후 서비스에서 금지에 걸릴 수도 있다는 부분을 유념하여 영업, 사업부 단계에서 활용이나 서비스 타당성 용역 등이 선제되어 구매 자체도 필터링이 필요하다고 보는 분위기가 크다.

다음으로 고위험 AI는 금지 AI로 개발 자체를 금지할 수는 없지만 판매하거나 이용하게 하려면 갖춰야 하는 의무로써 고위험 AI는 Annex III 분야(채용, 교육, 핵심 인프라, 금융 일부, 법집행/이민/사법 등) 또는 제품 안전법령(Annex I) 연동 형태와 관련된 분야라고 할 수 있다.

이러한 분야의 고위험 AI는 공급자(provider) 단계에서부터 강한 컴플라이언스가 붙어야 한다. 즉, 고위험 AI 공급자(Provider)의 핵심 의무는 ① 품질관리시스템(QMS) 구축 ② 기술문서, 기록, 로그 등 문서화·추적성 ③ 적합성 평가(conformity assessment) 및 CE 마킹(요건 충족 표시) ④ 사후 모니터링, 시정조치, 당국 협력 등이다.

공급자 외에 서비스 운영자의 개념을 포함하는 배포자(Deployers, 사용자/운영자)도 의무가 생기는데 고위험 AI를 "운영"하는 쪽도, 지침 준수·모니터링·인간감독(휴먼 오버사이트)·이상징후 대응 같은 운영 의무가 규정된다.

세 번째로 범용(GPAI) AI, 기초모델, 대규모 모델 제공자의 경우 시스템적 위험(systemic risk)이 있는 모델을 별도로 다루어야 하며, EU가 시스템적 위험 GPAI 목록을 공표·갱신하도록 규정하였다.

실무적으로는 GPAI 모델 제공자에게 기술문서와 정보제공을 하여 위험을 완화할 수 있도록 하여야 하고, 반드시 이에 대한 테스트를 하여야 하며 사이버 보안 등의 조치를 하며 당국 협력 및 일정 수준의 투명성과 거버넌스를 구축하여 플랫폼 관리 의무를 가진다.

넷째로 고위험이 없어도 AI 기술이 탑재되면 투명성(Transparency) 의무가 존재하는데 사용자(자연인)에게 AI와 상호작용 중임을 알리는 고지가 있어야 한다. 딥페이크와 합성 콘텐츠 등의 생성형, 합성 콘텐츠는 표시·공지 성격의 의무가 있으며 위험등급과 별개로 이러한 사실이 공지되어 AI로 생성된 것임을 밝혀야 한다.

이와 같이 EU AI Act는 전 세계의 글로벌 AI 규범의 표준을 이끌고 있다. 작년 3월 20일, 부족하지만 저자는 지식과 감성의 도움으로 「EU AI Act 활용 가이드」 책을 펴냈다. 이후 많은 소프트웨어 회사와 AI 기술을 활용하기 시작한 공공기관과 플랫폼으로부터 받은 질의는 놀랍게도 2026년 1월 22일 시행되는 '인공지능 발전과 신뢰 기반 조성 등에 관한 기본법(AI 기본법)'에 대한 준수방법이나 EU 등 글로벌 진출에 필요한 규범이 아니라 저작권에 대한 질의였다. 현행 AI 기본법이 AI 사업자를 '개발사업자'와 '이용사업자'로 구분하고 있지만 실제 현장에서는 역할과 책임 경계가 불분명하며 안전성 확보 의무 적용 기준인 연산량 10의 26제곱 플롭스(FLOPS)를 초과하는 초대형 AI 모델을 안전성 의무 대상으로 규정한 것이 EU나 미국의 기준과 같은지 의문을 제기하는 문제나 고영향 AI 확인 절차와 관련하여 합리적인 방식에 대한 질의가 아니라 아직 업계에서는 생성형 AI가 가져오는 저작권 문제가 더 궁금한 것이다.

그도 그럴 듯이 아직 사람들은 금지 AI, 고위험 AI를 많이 만나지 못했다. 대부분이 범용 AI 중 합성 콘텐츠가 생성되는 생성형 AI 앞에서 있고 챗GPT며 상용하여 서비스로 활용하고 있는 서비스들은 대부분 생성형 AI 수준이기 때문이다. 즉, 아직 일어나지 않은 문제보다 눈앞에 있는 저작권이 AI 소프트웨어 개발자와 AI 서비스를 탑재한 서비스사업자에게 더 중요한 문제라 저작권과 관련하여 2025년 했던 강연 내용을 정리하여 본 책을 서술하였다.

첫 장에서는 AI 소프트웨어와 저작권에 대해 문제를 제기하고 제2장에서는 생성형 AI 소프트웨어 기술이 가져온 오픈 소스 생태계의 변화를 살펴본다.

최근 인공지능 기술의 급속한 발전으로 GitHub Copilot, ChatGPT Code Interpreter와 같은 AI 코드 생성기는 단순한 자동완성 도구를 넘어, 자연어 프롬프트만으로 함수, 클래스, 테스트 코드에 이르기까지 복합적인 프로그램 코드를 자동으로 제안하는 단계에 이르렀다. 이러한 시스템은 대체로 GitHub 등 공개된 대규모 오픈소스 저장소에 축적된 방대한 코드를 수집·전처리한 후, 이를 기반으로 신경망 모델을 학습시키는 방식으로 개발된다. 즉, AI 코드 생성기의 성능은 오픈소스 코드의 양과 질에 상당 부분 의존하고 있으며, 이로 인해 기존 저작권 체계와의 충돌 가능성이 구조적으로 내재되어 있다.

이러한 기술적 진보는 소프트웨어 개발 생산성을 획기적으로 향상시키는 긍정적 효과를 가지는 반면, 저작권법적 측면에서는 다층적인 법적 쟁점을 동반한다. 첫째, AI 학습 단계에서 오픈소스 코드를 허락 없이 대규모로 복제·분석하는 행위가 저작권법상 복제에 해당하는지, 그리고 그 위법성이 어떻게 평가되어야 하는지가 문제 된다. 특히 이러한 복제가 인간의 감상이나 이용을 목적으로 하지 않고, 통계적 패턴 추출을 위한 기계적 처리라는 점에서 기존 복제 개념과 동일하게 취급할 수 있는지에 대한 근본적 의문이 제기된다.

제3장에서는 생성형 AI 소프트웨어 기업이 처한 분쟁을 살펴본다. 이 분쟁에는 AI가 생성한 코드 산출물 자체에 저작권이 성립하는지, 성립한다면 그 저작자는 누구인지가 쟁점으로 떠오른다. AI 산출물이 인간의 개입 없이 자동 생성된 경우, 이를 저작권법상 '저작물'로 평가할 수 있는지, 혹은 인간의 프롬프트 입력이나 선택·수정 행위를 저작자성 판단의 근거로 삼을 수 있는지에 대한 논의는 아직 국제적으로도 합의에 이르지 못하고 있다.

또 하나의 법적 쟁점은 오픈소스 라이선스의 준수 문제로서 GPL, MIT, Apache 라이선스 등은 소스코드의 이용·배포에 일정한 조건을 부과하고 있는데, AI 학습 과정에서 이러한 라이선스 조건이 적용되는지, 그리고 AI가 생성한 코드가 기존 오픈소스 코드와 실질적으로 유사한 경우 라이선스 위반이 저작권 침해인지, 아니면 계약·라이선스 위반에 불과한지에 대한 법적 성격 규명이 요구된다.

제4장에서는 각국에서의 법적 대응방식을 살펴본다.

생성형 AI 소프트웨어 분쟁을 사후적으로 해결하는 데 그칠 것이 아니라, 사전에 예방하기 위한 투명성 확보, 기술적 표준, 그리고 입법적 대응이 필요하다는 점에서 몇몇 국가는 입법으로 대응하고 있다. 특히 훈련 데이터의 출처, 라이선스 상태, 권리자 보호 장치 등에 관한 최소한의 정보 공개가 요구되는지 여부는 AI 산업 진흥과 저작권 보호 간의 균형이라는 관점에서 핵심적 쟁점으로 부상하고 있다. 마지막에서는 우리나라가 생성형 AI 소프트웨어에 대해 어떤 입장을 취하는 것이 더 좋을지 서술해 보고자 하였다.

그리하여 AI 코드 생성기를 둘러싼 저작권 분쟁의 구조를 종합적으로 조망하기 위하여, 첫째 미국에서 제기된 Copilot 관련 소송과 Stability AI 사건 등 선도적 판례를 분석하고, 둘째 EU AI Act가 제시하는 훈련 데이터 투명성 및 저작권 세이프가드의 내용을 검토하며, 셋째 한국 저작권법상 프로그램 저작물 규정과 공정이용, 텍스트·데이터 마이닝(TDM) 논의를 비교·검토하고, 넷째 AI 산출물의 저자성에 대한 국제적 논의를 종합적으로 고찰한다. 이를 통해 AI 코드 생성 시대에 적합한 저작권법적 해석과 정책적·입법적 방향을 제시하는 것을 목적으로 하였다. 또한 기술적 구조 분석을 통해 대규모 언어 모델(LLM) 및 코드 특화 모델이 어떠한 방식으로 학습되고 추론되는지를 개괄한다. 이를 통해 AI 학습 과정에서 이루어지는 복제가 인간이 인식 가능한 형태의 코드 복제인지, 아니면 통계적 파라미터 업데이트를 위한 비표현적 이용에 해당하는지를 구분할 수 있는 법적 평가의 전제를 마련한다. 이러한 기술적 이해는 저작권 침해 여부 판단에서 필수적인 "무엇이, 어떻게 복제되는가"라는 질문에 답하기 위한 기초 작업이다. 미국의 경우 Copilot을 둘러싼 집단소송과 Stability AI 관련 소송, 그리고 AI 저작자성을 부정한 연방 판례를 중심으로, 공정이용 이론과 저작자성 판단 기준의 전개 양상을 검토한다. EU의 경우 DSM Directive에서 도입된 TDM 예외 규정과 이를 전제로 한 EU AI Act의 투명성·권리보호 장치를 분석함으로써, 사전적 규율 모델의 특징을 살펴본다. 아울러 한국법에 대해서는 프로그램 저작물의 보호 범위, 일시적 복제 규정, 공정이용 일반조항, 그리고 최근 논의되고 있는 TDM 입법론과 행정 가이드라인을 중심으로 국내 법체계의 한계와 가능성을 검토해 보았다. 끝으로 우리나라 저작권법에 TDM 예외를 명문화할 필요성, AI 학습과 산출물에 관한 해석 가이드라인 도입의 타당성, 그리고 오픈소스 라이선스와 AI 개발 관행을 조화시키기 위한 제도적 개선 방안을 제시해 보고자 하였다. 이는 단순히 분쟁 해결을 위한 해석론을 넘어, AI 산업의 지속 가능한 발전과 저작권 보호의 균형을 도모하기 위한 정책적 제안이라는 점에서 의의를 가진다.

부족한 이 저서가 현재 가장 많은 AI 기업인 생성형 AI 소프트웨어 개발자와 서비스제공자에게 저작권 관련 어려움과 궁금함을 해소하는 데 도움이 되길 바란다.

2026. 1. 22.

목차

서론

최근 GitHub Copilot, ChatGPT Code Interpreter, Amazon CodeWhisperer 등 이른바 AI 코드 생성기(code-generating AI)는 자연어로 작성된 간단한 지시만으로도 함수(function), 클래스(class), 테스트 코드(test suite) 및 전체 모듈 구조까지 자동으로 생성할 수 있는 수준에 이르렀다. 과거 자동완성 기능이 단순히 문법적 힌트나 정형화된 패턴을 제시하는 수준에 머물렀던 것과 달리, 오늘날의 생성형 모델은 "문제 정의 → 설계 → 구현"이라는 전 과정을 일종의 자동화된 창작 활동으로 처리한다. 이로 인해 소프트웨어 개발의 속도, 인력구조, 개발자 역량 요구 등 산업 전반에 실질적인 변화를 초래하고 있다.

이러한 고도화된 시스템의 기반에는 대규모 오픈소스 생태계

(open-source ecosystem)가 자리 잡고 있다. GitHub, NPM, PyPI, Maven Central 등 전 세계 개발자들이 축적해 온 방대한 코드 저장소는, AI 모델이 학습할 수 있는 가장 중요한 지식 자원이다.

실제로 Copilot·Codex·CodeWhisperer와 같은 모델의 성능은 학습 데이터의 규모와 다양성에 크게 의존하며, 훈련 단계에서는 수십억 줄 규모의 오픈소스 코드가 수집·전처리 되고, 이를 기반으로 복잡한 패턴·텍스트 관계·구문 구조 등을 학습하는 방식이 활용된다.

그러나 이와 같은 기술적 혁신은 기존 저작권 체계와 정면으로 충돌한다. 첫째, 학습(training) 단계에서 AI 개발자가 GitHub 등의 저장소로부터 방대한 코드를 허락 없이 복제·분석·전처리한 행위가 "저작권법상 복제권 침해"인지, 혹은 "정보 분석 목적의 합법적 사용(공정이용 또는 TDM: text and data mining 예외)"에 해당하는지에 대해 국제적으로 격렬한 논쟁이 일어나고 있다. 특히 Doe v. GitHub 사건에서 원고들은 자신이 작성한 오픈소스 코드가 라이선스 조건(저작자 표시·라이선스 전문 포함 등)을 무시한 채 훈련 데이터로 활용되었다고 주장하며, 이는 저작권 침해뿐 아니라 DMCA § 1202(저작권관리정보 제거) 위반이라고까지 주장하였다.

둘째, AI가 생성한 코드 산출물에 저작권이 성립하는지 여부, 그리고 성립한다면 누가 저작자인지라는 문제는 저작권법의 핵심 원리인 "인간 저작자(human authorship)" 개념을 근본적으로 시험한다. 미국 저작권청(USCO)은 이미 2023년 이래 일련의 가이드라인을 통해 "인간적 창작성(human creativity)이 결여된 산출물에는 저작권이 성립하지 않는다"는 원칙을 재확인한 바 있다. 이는 AI가 자동으로 생성한 코드가 일반적으로 무저작물(public domain)에 해당함을 의미하지만, 그 코드가 특정 오픈소스 코드와 실질적으로 유사(substantially similar)하거나, 원저작물에 기초한 2차적 저작물(derivative work)로 평가될 경우에는 전혀 다른 법적 문제가 발생한다. 즉, AI 산출물이 저작권법에서 보호하는 저작물이 아닐 수는 있어도, 그 산출물이 타인의 저작권을 침해하지 않는다는 의미는 아니다.

셋째, 오픈소스 라이선스(GPL, MIT, Apache 등)와 AI 학습·출력의 관계는 기존 라이선스 해석으로 충분히 해결되지 않는 새로운 규범적 논점을 제기한다. 예를 들어 GPL은 소스코드를 배포할 때 전체 프로그램을 동일한 라이선스로 공개하도록 요구하는데, 이는 학습 과정이나 모델 파라미터 출력물에 적용할 수 있는가? MIT·BSD 라이선스는 저작자 표시와 라이선스 전문 유지 의무를 규정하는데, AI가 출력한 코드가 원저작자의 표시를 제거한 채 제안된다면 이는 라이선스 위반이자 DMCA 위반이 되는가? 또한 오픈소스 라이선스가 전제로 한 "인간 개발자 간 수평적 공유 구조"와, 대규모 플랫폼 사업자가 라이선스를 기반으로 독자적 상업 서비스(Copilot 등)를 구축하는 구조는 동일한 규범 원리를 적용할 수 있는지 의문을 낳는다.

넷째, 이러한 분쟁을 예방하기 위해 어떤 법적·기술적 장치가 필요한지 역시 중요한 논점이다. EU AI Act는 2024년에 이르러 학습 데이터 세이프가드(저작권 보호 데이터에 대한 권리정보 표시·TDM 예외 준수 인정·데이터 출처 공개 요구)를 도입하여, AI 개발자의 투명성 의무를 강화하였다. 더 나아가 ISO/IEC 42001(인공지능 관리체계), ISO/IEC 5230(OpenChain: 오픈소스 컴플라이언스), SBOM(Software Bill of Materials) 등 산업계 표준은 AI 개발·배포 과정에서 요구되는 검증·감사·책임성 체계의 기초를 마련하고 있다. 그러나 이러한 제도·표준이 실제 저작권 분쟁을 해결할 수 있을 정도로 충분한지에 대해서는 여전히 논란이 있으며, 특히 학습 데이터의 규모·비가시성·심층 신경망의 불투명성 등 기술적 특성이 전통적 규범 체계와 불완전한 적합성을 갖는다는 비판도 제기된다.

이와 같이 생성형 AI는 기술적 영역(코드 생성), 법적 영역(저작권·라이선스), 산업적 영역(오픈소스 생태계), 정책적 영역(입법·표준)을 아우르는 입체적 문제를 생성하고 있다. 그럼에도 불구하고 기존 연구는 개별 요소(예: AI의 저작권, 오픈소스 라이선스 준수, 공정이용 여부 등)를 분리하여 논의하는 경향이 있으며, 학습 단계-모델 구조-출력 단계라는 일련의 과정 전체를 통합적으로 분석한 연구는 상대적으로 부족하다. 더구나 Copilot 사건과 Andersen 사건 등 실제 소송 사례는 AI 학습과 산출물의 법적 쟁점을 구체적으로 드러내고 있지만, 각 사건이 제기하는 핵심 논리를 비교·종합적으로 분석하는 연구는 아직 초기 단계에 머물러 있다.

따라서 본 논문은 다음과 같은 연구 질문을 중심으로 논의를 전개하고자 한다.

(1) AI 학습 단계에서의 대규모 오픈소스·이미지 데이터 복제가 저작권 침해인지 여부를 Copilot 사건과 Stability AI 사건을 중심으

로 검토하고,

(2) AI가 생성하는 코드 산출물이 저작물성을 인정받을 수 있는지, 그리고 인간 저자성 원칙과 어떻게 조화될 수 있는지를 탐구하며,

(3) 오픈소스 라이선스(GPL, MIT, Apache 등)의 조건이 AI 학습·출력 단계에 적용되는지 여부를 분석하고,

(4) EU AI Act·DMCA·ISO 표준 등 국제 규범이 제시하는 투명성·책임성 모델이 실제 분쟁 예방에 어떤 시사점을 가지는지 평가한다.

본 논문의 기여는 다음 네 가지로 정리될 수 있다. 첫째, 기존 논의가 분절적으로 다루어 온 학습 단계와 산출물 단계의 법적 구조를 하나의 기술-법적 체계로 통합하여 분석한다. 둘째, Copilot과 Stability AI라는 선도 소송의 사실관계·논점·법리 구조를 체계적으로 비교하여, AI 개발 과정에서 나타나는 유형별 침해 가능성을 구체화한다. 셋째, 오픈소스 라이선스 해석이라는 기존 법리와 AI 개발·배포 구조 간의 충돌·비적합 영역을 규범적으로 평가한다. 넷째, 국제 입법·규제 논의를 기반으로 AI 개발 과정에서 요구되는 투명성·감사 가능성·책임성의 기준을 제안함으로써 향후 정책·제도 설계에 기여한다.

이와 같이 본 연구는 AI 코드 생성기와 저작권·오픈소스 라이선스 규범이 교차하는 지점에서 발생하는 핵심 쟁점을 종합적으로 검토함으로써, 향후 학계·산업·입법 분야가 직면한 규범적 과제에 대한 기초적 논의를 제공하고자 한다.

II

생성형 AI 코드 모델의 구조와 오픈소스 생태계

1. 생성형 AI 코드 생성 모델의 일반적 구조

현대의 생성형 AI 기반 코드 생성 모델(Code LLM 또는 Code-Generating Foundation Model)은 전통적 언어 모델과 비교해 데이터 구성과 모델 구조에서 고유한 특성을 가진다. 특히, 학습 데이터 대부분이 저작권 보호 대상인 소스코드로 이루어져 있으며, 그 상당수가 GitHub와 같은 플랫폼에 저장된 오픈소스 소프트웨어(OSS)이기 때문에, 모델 구축의 각 단계마다 저작권법적 의미를 구체적으로 검토할 필요가 있다. 일반적으로 코드 생성 모델은 (1) 데이터 수집 단계, (2) 전처리·정규화 단계, (3) 모델 학습 단계, (4) 추론 단계라는 네 단계로 구성된다. 각 단계는 기술적으로는 연속적이지만, 법적으로는 복제·가공·저작권관리정보(CMI) 제거·2차적저작물 작성 등 서로 다른 행위가 발생하기 때문에 구별하여 분석할 필요가 있다.

(1) 데이터 수집 단계

1) 기술적 행위

첫 번째 단계는 대규모 오픈 소스코드 데이터의 수집(crawling)이다. AI 개발자는 GitHub, GitLab, Bitbucket 등 오픈 저장소뿐 아니라, Stack Overflow 질의응답, NPM·PyPI 패키지 레지스트리, 공식 문서 및 개발자 블로그 등 사실상 인터넷 전역의 코드 관련 자료를 크롤링하여 학습용 데이터셋을 구축한다.

이 단계에서 기술적으로 발생하는 것은 다음과 같다.

- 인터넷에 존재하는 코드 파일을 HTTP 요청 등으로 자동 다운로드
- 코드 내 메타데이터(작성자, 라이선스, 커밋 기록) 포함하여 저장
- 저장소 전체를 미러링하여 대규모 로컬 데이터셋으로 구성

2) 법적 쟁점

법적으로 보면 이 단계는 단순 수집 이상의 의미를 갖는다.

저작권법상 "복제(reproduction)"는 디지털 파일을 다운로드하는 행위 자체가 해당되며, 이는 오픈소스 여부와 무관하다. 즉, OSS는 자

유로운 사용을 허용하지만 사용조건을 충족해야만 해당 복제가 허용된다. 따라서 학습 데이터 수집 시 다음과 같은 법적 문제가 발생한다.

첫째, 라이선스 조건(GPL, MIT, Apache 등) 준수 여부가 문제 될 수 있다. GPL의 경우 소스코드의 "복제·배포"가 허용되지만, 그 대가로 동일 라이선스 적용 의무가 발생한다. 학습 목적의 복제는 "배포(distribution)"에 해당하는가? 명확히 해석되지 않는다.

MIT·BSD의 경우 저작권 표시 유지 의무가 있는데, 수집 단계에서 이 정보가 유지되지 않으면 위반이 된다.

둘째, 웹사이트 약관 위반 여부이다.

GitHub는 서비스 약관을 통해 API 외 대규모 크롤링을 제한하는데, 이를 위반한 학습 데이터 구축이 계약 위반이 되는지 논의가 있다.

셋째, TDM(Text and Data Mining) 예외 적용 가능성이다.

EU, 일본 등은 학습 목적의 복제를 예외로 인정하지만, 미국·한국은 명시 규정이 없어 공정이용 판단에 의존한다.

따라서 단순한 "데이터 다운로드" 자체가 이미 다양한 법적 함의를 갖는다.

(2) 전처리·정규화 단계

1) 기술적 행위

두 번째 단계는 전처리(pre-processing)와 정규화(normalization)로서 이때 코드 토큰화, CMI 제거 가능성, 데이터 필터링과 같은 저작권에 있어서는 가장 위험한 기술적 행위가 발생한다.

크롤링된 코드 데이터는 원시 형태(raw corpus)로는 모델 학습에 적합하지 않기 때문에 다음 작업을 수행한다.

- 토큰화(tokenization)란 코드의 구문 구조(feature)를 반영하여 토큰 단위로 분절하는 것을 말하며,
- 주석(comment)을 제거하는 것은 주석 중에는 저작권 표시(©), 개발자 이름, 라이선스 정보가 포함되는데, 종종 모델 성능 향상을 위해 제거되는 것을 뜻한다.
- 이후 중복 코드를 제거(deduplication)한다.
- 라이선스 필터링(license filtering)으로서 특정 라이선스(GPL, AGPL 등) 코드를 배제하기 위한 STL, Bloom Filter 기반 도구를 사용하여 라이선스 필터링을 하고,
- 정규화(normalization)가 이루어지는데 정규화란 패키지 이름, 인덴트 구조, import 구문 등을 일괄 처리하는 것을 말한다.

2) 법적 쟁점

이 단계에서 법적으로 가장 문제가 되는 부분은 저작권관리정보(Copyright Management Information, CMI)의 제거이다. 예를 들어,

```
Copyright (c) 2016 John Doe
Licensed under the MIT License
```

와 같은 주석이 제거되었다면, 저작권법 제1202조(DMCA §1202) 위반이 성립할 가능성이 있다.

특히 Copilot 사건에서 원고들은 GitHub가 전처리 과정에서 CMI를 제거함으로써, 이후 AI 모델이 출력 코드에서 저작자 표시 없이 제안하게 되었다고 주장하였다. 또한 전처리 단계에서는 코드 조각의 분리(fragmentation), 문맥 제거, 토큰 변환 등이 이루어지는데, 이는 원저작물의 구조를 바꾼다는 점에서 "가공(adaptation)"으로 해석될 가능성도 있다. 즉, 이 단계는 단순한 데이터 준비 작업이 아니라, ① 저작권 정보 제거 ② 코드 구조 변형 ③ 가공행위를 포함할 수 있기 때문에 법적으로 중대한 의미를 가진다.

(3) 모델 학습 단계

1) 기술적 행위

세 번째 단계는 본격적인 모델 학습(training) 단계이다. 이 구간을 GPU 연산 과정에서의 대규모 '반복적 복제'라고도 부르는데 코드 생성 모델은 Transformer 기반 구조를 사용하며, 파라미터 수가 수십억~수천억 단위에 이르기도 한다. GPU 클러스터에 데이터를 로드할 때 다음과 같은 과정이 반복된다.

- 코드 파일이 메모리(RAM)·GPU VRAM으로 로드됨
- 각 미니배치(mini-batch)별로 동일한 코드가 반복적으로 읽힘
- Forward-Backward 연산 과정에서 임시 복제(ephemeral copy)가 생성됨
- 파라미터 업데이트(gradient update)가 이루어짐

2) 법적 쟁점

디지털 환경에서 "복제"는 저장장치에 대한 영속적 저장뿐 아니라 일시적·메모리 기반 복제도 포함된다는 것이 미국·EU·한국 판례의 공통된 입장이다.

따라서 학습 단계는 저작권법상 다음과 같은 의미를 갖는다.

① 반복적 복제(repeated reproduction)

모델 학습은 단순히 데이터 한 번을 읽는 것이 아니라, 수천~수백만 번의 반복 학습을 수행하며 코드 조각을 재사용한다. 이는 "다수의 복제"로 평가될 수 있다.

② 가공(adaptation) 또는 변형(transformative use) 여부

모델은 원본 코드를 그대로 저장하지 않고, 가중치(weight) 형태의 통계적 패턴으로 변환한다.

그러나 원고 측은 "모델 파라미터가 원본 저작물의 압축된 복제본(compressed copy)"이라고 주장하는데, Andersen v. Stability AI 사건에서 처음 제기된 법리이다.(다음 장에서 살펴본다)

③ 공정이용 또는 TDM 예외 적용 가능성

AI 학습이 공정이용인지 여부는 다음 요소를 충족해야 한다.

- 사용 목적의 변형성(Transformative Purpose)
- 저작물 전체 사용의 비중
- 시장 대체 가능성(Market Harm)
- 비영리성 또는 공익성

Copilot·Stability 사건 모두(다음 장에서 살펴본다) "상업적 서비스 제공을 위한 학습이 공정이용인가?"라는 질문을 중심에 두고 있다.

(4) 추론 단계

1) 기술적 행위

네 번째 단계는 추론(inference) 단계로서 원본 코드와 '유사·동일' 코드 시퀀스 출력 문제가 발생하는 지점이다.

추론은 단순히 모델을 실행하는 행위가 아니라, 학습된 파라미터를 통해 새로운 코드 토큰 시퀀스를 생성하는 일종의 창작 프로세스와 유사하다.

이 단계에서 기술적으로 발생하는 것은 다음과 같다.

- 사용자의 질의(prompt)를 입력으로 수신
- 모델이 확률 기반으로 다음 토큰을 예측
- 함수·클래스·테스트 코드 생성
- 사용자 인터페이스(Copilot 등) 통해 즉석 제안

2) 법적 쟁점

법적으로는 다음과 같은 문제가 발생한다.

① 생성된 코드가 원본과 '실질적으로 유사'한 경우

Copilot 사건에서 원고들은 생성형 AI가 자신들의 오픈소스 코드를 그대로 혹은 거의 유사하게 출력했다고 주장하였다. 이는 "2차적저작물 작성권(derivative work right)" 침해 및 "저작권 침해

reproduction claim"의 근거가 된다.

② 생성된 코드에 저작권이 성립하는지 그 여부에 있어 일반적으로 산출물에는 인간 저작자의 창작성이 부족하여 저작권이 부여되지 않는다. 그러나 사용자 프롬프트가 충분히 구체적이고 모델의 출력을 인간이 편집·선택·배열한 경우에는 저작권 성립 가능성이 논의된다.

③ OSS 라이선스 유지 의무 불이행

출력 코드가 원본 코드의 저작자·라이선스 정보를 제거한 채 제안될 경우, 이는 단순 저작권 침해가 아니라 라이선스 위반 및 DMCA § 1202 위반이 문제 된다.

(5) 학습 단계와 추론 단계의 법적 문제의식 정리

AI 모델 구축 과정 전체를 관통하는 핵심 문제는 다음과 같이 정리할 수 있다.

[표] 단계별 기술적 행위에 따른 법적 쟁점

단계	기술적 행위	법적 쟁점
데이터 수집	코드 다운로드	복제권 침해 여부, 라이선스 조건 준수, TDM 예외 적용
전처리·정규화	CMI 제거, 코드 변형	DMCA §1202 위반, 가공권 침해 가능성

단계	기술적 행위	법적 쟁점
모델 학습	반복적 복제, 파라미터화	공정이용 여부, 압축복제 논리, 모델 자체의 2차적저작물성
추론	코드 생성	실질적 유사성, 2차적저작물, 저작권 귀속 문제

학습 단계에서는 대량 복제·가공이, 추론 단계에서는 유사한 결과물 출력이 각각 법적 문제로 연결된다는 점에서, 두 단계 모두 저작권법의 적용 범위와 한계에 대한 재검토가 필요하다. 요컨대, 생성형 AI는 건축적 구조(field architecture)의 모든 단계에서 기존 저작권법의 범주를 넘어서는 새로운 행위를 발생시키며, 이 때문에 "학습 단계의 복제·가공이 저작권 침해인지", "출력 단계의 유사성이 침해인지", "TDM·공정이용이 어디까지 적용되는지" 등 기존 법리가 충돌하는 복합적 문제를 초래한다.

2. 오픈소스 생태계의 이해

(1) 개요

소프트웨어 저작권에 있어서 오픈소스 생태계는 "공짜 코드"가 아닌, 새로운 규범의 인프라이다. 클라우드, 모바일, AI를 관통하는 오늘날의 소프트웨어 산업을 한 문장으로 요약하자면 "오픈소스 위에 구축된 세계"라고 해도 과언이 아니다. 리눅스 커널, 아파치·Nginx 웹 서버, PostgreSQL·MySQL 데이터베이스, 파이썬·자바스크립트 생태계는 모두 오픈소스 소프트웨어(OSS)에 기반한다. 거대 IT 기업부터 1인 개발자까지, 누구도 오픈소스를 사용하지 않는다고 말하기 어려운 시대다. 그런데도 여전히 많은 현장에서 오픈소스는 "공짜 코드", "라이선스만 잘 피하면 되는 것" 정도로 오해된다. 이는 단지 기술에 대한 오해를 넘어, 소프트웨어 저작권 체계 전체를 오독하는 출발점이 되곤 한다.

오픈소스는 '무권리'가 아니라 '조건부 자유'다. 이 사실은 아주 기본적인 사실로서 오픈소스는 저작권을 포기한 것이 아니라, 저작권을 전제로 한 '조건부 자유'라는 점이다. GPL, MIT, Apache, BSD, MPL 등 유명한 오픈소스 라이선스들은 모두 전제부터가 "저작권자의 권리가 존재한다"는 사실이다. 저작권자가 자신의 권리 일부를 특정 조건 아래 라이선스로 "허락"하는 방식으로, 복제·배포·2차적저작물 작성의 자유를 넓혀주는 것이다. 즉, 오픈소스는 "모든 권리를 주장하겠다"는 독점적 저작권 모델과 "어떠한 제약도 없다"는 퍼블릭 도메인(저작권 포기) 사이에 존재하는 제3의 규범적 선택지라 할 수 있다.

이 관점에서 보면, 오픈소스 생태계는 단순히 기술의 공유가 아니라 저작권의 '사용 방식'을 재디자인한 실험장이다. 라이선스 텍스트 하나하나가 법적 실험의 결과물이다. 특히 저작권 철학에 있어서 오픈 소스 라이선스는 카피레프트(copyleft) 계열에서 GPL, AGPL 등이 있으며 퍼미시브(permissive) 계열로 MIT, Apache, BSD 등이 있다.

(2) 카피레프트 계열

카피레프트 계열에 있어 GPL과 AGPL의 조건은 소스코드를 포함해 배포할 경우, 동일한 라이선스로 재공개해야 한다. 즉, 카피레프트의 목표는 코드의 자유를 "세대 간에 유지"시키는 것으로 기업이 코드를 가져다 쓰더라도, 수정본을 다시 공개하게 만들어 공동체에 환원시키는 구조다. GPL(GNU General Public License)이 "배포되는 소프트웨어에 대해, 소스 공개 + 동일 라이선스(GPL) 유지 의무를 부과하는 강한 카피레프트 라이선스"라면 AGPL(GNU Affero General Public License)은 "네트워크를 통해 서비스로 제공되는 소프트웨어까지 소스 공개 의무를 확장한, GPL의 'SaaS 대응 버전' 카피레프트 라이선스"이다. "카피레프트 계열 라이선스의 대표 격인 GPL(GNU General Public License)은 소프트웨어를 배포할 때 소스코드 공개와 동일 라이선스 유지를 요구하는 강한 저작권 규범이다. 한편 AGPL(GNU Affero General Public License)은 이러한 원칙을 클라우드·SaaS 환경으로 확장하여, 네트워크를 통한 서비스 제공 상황에서도 소스코드 공개를 요구함으로써 이른바 'ASP 구멍'을 메우고자 한다."

1) GPL(GNU General Public License)

GNU General Public License, 일반적으로 "GPL" 또는 "GNU GPL"이라고 부르는데 이는 강한(Strong) 카피레프트 라이선스의 대

표 주자이다. 핵심 아이디어는 "이 자유 소프트웨어를 가져다 수정·결합해서 배포한다면, 너도 같은 자유(소스 공개, 같은 라이선스)를 유지해야 한다"로, 즉 소스코드 공개 의무, 프로그램(또는 그 파생물)을 배포(distribute)할 경우, 해당 프로그램의 소스코드를 같은 GPL로 공개해야 한다.

2차적저작물도 GPL을 유지하며 (카피레프트) GPL 코드를 다른 코드와 결합해 하나의 프로그램을 만들면, 그 전체를 GPL로 배포해야 한다는 해석이 일반적이다. 그리하여 "바이러스성" 카피레프트라고 표현하기도 한다. 이는 상용 금지가 아니라, 독점 금지를 의미하는 것으로 "돈을 받으면 안 된다"가 아니라, "돈은 받아도 되지만, 소스 공개와 GPL 유지 의무는 따라온다"가 포인트이다.

2) AGPL(GNU Affero General Public License)

GNU Affero General Public License는 예전엔 "Affero Public License"라는 별도 라이선스가 있었는데, 나중에 GNU 프로젝트에서 이를 통합·정비하여 GNU AGPL로 재탄생한 것이다. 이는 AGPL은 GPL의 철학을 "네트워크 서비스(SaaS)"까지 확장한 라이선스로서 이 라이선스가 생겨난 취지는 이른바 "ASP/SaaS 구멍(ASP loophole)" 문제로 인한 것이었다. GPL은 "배포(distribution)"를 기준으로 의무를 걸어두는데 클라우드 시대가 되면서, 소프트웨어를 사용자에게 배포하지 않고, 서버에만 올려두고 웹·API 서비스 형태로 제공할 수 있게 되었다. 그리하여 코드는 서버에만 있고, 사용자에게는 실행 결과만 전송되므로, 형식적으로는 "배포"가 아니라 "서비스 제공"에 불과하다는 이유로, GPL의 소스 공개 의무를 회피할 수 있다는 논리가 등장했다. 이 "SaaS/ASP 구멍"을 막기 위해 나온 것이 AGPL인 것이다.

그리하여 AGPL의 핵심 조항은 "이 AGPL 프로그램을 수정해서 네트워크를 통해 서비스 형태로 제공하는 경우에도, 그 서비스 사용자에게 수정된 소스코드를 제공해야 한다"이다. 즉, 네트워크를 통한 사용도 사실상 "공중에게 제공"으로 간주한다.

그러므로 단순 배포뿐만 아니라, 웹서비스·API로 제공해도 소스 공개 의무가 발생하는데 SaaS 사업자에 대한 강한 카피레프트를 말한다. 예를 들어 AGPL 라이브러리를 기반으로 웹서비스를 만든 뒤 코드는 전부 서버에 숨겨두고, 사용자에게는 화면·API 결과만 보여주며 "우리는 배포 안 했으니 GPL/AGPL 안 따라도 된다"와 같은 전략을 차단하는 목적이라고 할 수 있다.

그래서 실무에서는 GPL은 데스크톱 프로그램, 온프레미스 배포용에 많이 사용되고 AGPL은 웹서비스·SaaS 영역까지 카피레프트를 확장하고 싶을 때 선택한다.

(3) 퍼미시브 계열 - MIT, Apache, BSD 등

카피라이트(퍼미시브, permissive) 계열인 MIT, Apache, BSD 등은 조건에 있어 저작권 표시·면책 조항을 유지하면, 소스 비공개, 상용 라이선스 전환, 독점적 제품 내 포함도 폭넓게 허용한다. 즉, 카피라이트 계열의 목표는 최대한 사용·재사용의 자유를 넓히고, 상업적 활용 장벽을 낮추는 것으로 두 계열은 서로 다른 저작권 정치학을 드러낸다. GPL은 "자유를 독점으로부터 지키기 위한 규범적 장치"이고, MIT/Apache는 "자유를 유연성과 속도에 맡기자는 현실주의"에 가깝다. 문제는 많은 기업·개발자가 이러한 철학·법적 효과를 충분히 이해하지 못한 채, 레포지터리에서 "좋아 보이는 코드"를 가져와 붙이고, 나중에 상용 서비스·패키지를 만들면서 GPL 의무를 뒤늦게 인지하는 상황이 자주 발생한다는 점이다.

이때 저작권 관점에서 중요한 질문은 "어떻게 피해 갈 수 있느냐"가 아니라, "어떤 규범적 약속을 전제로 이 코드를 받아왔는가?"이다. 오픈소스는 계약이 아니라 라이선스이지만, 저작권자와 이용자 사이의 '사회적·법적 약속'이라는 점에서는 계약과 다르지 않기 때문이다.

그리고 MIT, Apache, BSD 등 이 셋은 모두 카피레프트가 아니라 "카피라이트(퍼미시브) 계열"이라서, 소스를 꼭 다시 공개하지 않아도 되고, 상용 폐쇄형 제품에 포함해도 가능하다는 공통점이 있다. "소스를 공개하라고 강제하진 않지만, 최소한 저작권자·라이선스 조건은 존중해 달라"는 방향의 라이선스들인 셈이다. 그러므로 카피라이트 계열의 대표적 퍼미시브 라이선스로는 MIT, Apache, BSD 라이선스를 들 수 있다. MIT 라이선스는 Massachusetts Institute of Technology가 제정한 것으로, 저작권 고지와 면책 조항만 유지하면 수정·재배포·상용 활용을 폭넓게 허용하는 극히 간단한 라이선스다. Apache License 2.0은 Apache Software Foundation이 만든 라이선스로, MIT·BSD와 같이 소스 공개 의무는 없지만, 기여자의 특허를 명시적으로 허여하고, 특허 소송 시 허여를 종료하는 조항 등을 통해 특허 분쟁 리스크를 조정한다. BSD 라이선스는 Berkeley Software Distribution에서 유래한 것으로, 2조항·3조항 등 여러 변형이 있으나 공통적으로 저작권·무보증 고지의 유지를 전제로 상업적·비공개 이용까지 인정하는 자유로운 오픈소스 라이선스라 할 수 있다.

1) MIT 라이선스

MIT 라이선스에서 MIT는 Massachusetts Institute of Technology, "MIT에서 만든 짧은 라이선스"라는 의미로 쓰인다. 가장 단순하고 자유로운(permissive) 라이선스의 대표로 핵심 조건은 두 가지인데 저작권 표시 & 라이선스 전문 유지, 원저작권 표시(©)와 MIT 라이선스 문구를 배포하는 소스/바이너리에 포함해 두기, 보증 부인(무보증) 문구 유지이다. "이 소프트웨어는 어떤 보증도 없다, 책임도 지지 않는다"라는 면책 조항을 그대로 유지하는데 허용 범위는 매우 넓다. 코드를 가져와서 수정해도 되고, 상용 프로그램에 넣어도 되고, 소스를 비공개로 감춰도 되고, 라이선스를 바꿔서 배포해도 된다. 단, 원래 MIT 라이선스가 붙어 있던 코드 부분에 대한 저작권·면책 표시는 지워선 안 된다. "거의 아무 제한 없이 가져다 써도 되는데, 출처(MIT 라이선스 텍스트)랑 책임 없음 문구만 지켜줘"라는 극단적으로 유연한 라이선스라고 볼 수 있다.

2) Apache 라이선스

Apache License는 사실 약자가 아니라, Apache Software Foundation(ASF)이 만든 오픈소스 라이선스로서 현재 많이 쓰이는 버전은 Apache License, Version 2.0(줄여서 “Apache 2.0”)이라고 할 수 있다. Apache 2.0도 퍼미시브(비카피레프트) 라이선스지만, MIT보다 내용이 훨씬 정교한데 특히 “특허(Patent)” 관련 조항이 매우 중요하다.

먼저 기본 허용이 있는데 복제, 수정, 배포, 2차적저작물 작성, 상용 활용 모두 허용된다. 이때 소스 공개 의무는 없다. 그러므로 폐쇄형 제품에 넣어도 문제 되지 않는다.

주요 의무는 첫째, 저작권·라이선스 고지 유지이다. NOTICE 파일, LICENSE 파일 등 저작권 및 라이선스 정보를 함께 제공해야 한다. 둘째, 변경사항 표시이다. 소스를 수정했다면, 어떤 파일이 변경되었는지, 원본과 구분될 수 있도록 표시하여야 한다. 셋째, 상표권(트레이드마크) 보호이다. “Apache”라는 이름이나 로고 등은 별도의 허락 없이 제품명·브랜드로 쓰지 말아야 한다.

이때 Apache 2.0의 가장 큰 특징은 명시적인 특허 허여(patent grant)로서 기여자(Contributor)는 자신이 가진 특허 중에서 자신이 기여한 코드에 “필수적으로 사용되는 부분”에 대하여 사용자에게 특허 사용 허락을 해준다. 대신, 만약 사용자가 그 기여자나 프로젝트를 상대로 "특허 침해 소송"을 제기하면, 이 특허 허여는 즉시 종료(termination)된다. "내 코드를 Apache 2.0으로 쓸 수 있게 해줄게. 대신 너는 내 특허 가지고 나를 고소하진 마"라는 특허-평화 조항이 붙어 있는 셈이다. 그래서 기업 입장에서 Apache 2.0은 MIT/BSD보다 조금 더 복잡하지만, 특허 리스크 관리 측면에서는 오히려 더 안심할 수 있는 라이선스로 취급된다.

3) BSD 라이선스

BSD는 Berkeley Software Distribution의 약자로서 원래는 미국 캘리포니아 대학 버클리(UC Berkeley)의 유닉스 계열 OS 배포판 이름이다. 그 BSD 시스템에서 사용되던 라이선스라서 "BSD License"라고 부르게 된 것인데 BSD 라이선스에는 몇 가지 변형이 있다.

첫째, 4-clause BSD(옛날 버전, 광고조항 포함)로 예전에는 "이 소프트웨어를 사용했다면 광고에 저작권자 이름을 명시하라"는 광고조항(advertising clause)이 있어 비판을 받았다.

둘째, 3-clause BSD(현대 표준)으로 광고조항 제거 + "저작권자 이름을 이용해 제품 홍보/보증처럼 보이게 하지 말 것" 등의 조항이 있다.

셋째, 2-clause BSD(Simplified BSD License), 더 단순한 버전. 거의 MIT 라이선스와 비슷하게 자유롭다. 실무에서는 보통 "BSD 라이선스"라고 하면 2-clause 또는 3-clause BSD를 말하는 경우가 많다.

BSD 계열도 퍼미시브 라이선스로, MIT와 거의 비슷하게 자유로우며 허용되는 것은 복제, 수정, 재배포, 상용 활용, 소스 비공개 배포 모두 허용된다.

또한 주된 의무는 저작권 표시 유지, 보증 부인(무보증) 문구 유지, (3-clause의 경우) 원저작권자의 이름을 제품 보증·추천·홍보에 마치 공식 후원자인 것처럼 쓰지 말 것이다.

특허에 대해서는 Apache처럼 명시적 구조는 아니고, “묵시적 특허 허여(implied patent license)가 있는 것으로 본다”는 해석이 있지만, 라이선스 문장 안에 Apache 2.0처럼 분명한 특허 규정이 들어가 있지는 않다.

[표] 라이선스별 소스 공개 의무

라이선스명	내용	소스 공개 의무
MIT (퍼미시브)	가장 단순·자유로운 라이선스. 소스 공개 의무 없음. 저작권·면책 표시만 유지하면 됨.	없음 (저작권·면책 표시만 유지)
Apache 2.0 (퍼미시브)	MIT보다 정교함. 특허 허여 및 소송 종료 조항이 핵심. 대기업이 선호.	없음 (NOTICE 파일 유지, 수정 표시 필요)
BSD(2/3-clause) (퍼미시브)	MIT과 거의 유사. 광고 조항 제거. 매우 자유로운 조건.	없음 (MIT과 비슷. 자유도 높음)

라이선스명	내용	소스 공개 의무
GPLv3 (강한 카피레프트)	소프트웨어를 배포하면 전체 소스를 GPL로 공개해야 함. "바이러스 효과"로 알려짐.	프로그램을 배포 (distribute)하면 소스 전체 공개. 정적/동적 링크 모두 영향(논란 있으나 실무상 리스크 높음)
AGPLv3 (초강한 카피레프트)	GPL 규칙 + SaaS/웹서비스 제공 시에도 소스 공개 의무 부과. ASP loophole 봉쇄.	배포 + 네트워크 서비스 제공 시 소스 공개. SaaS 기업이 가장 신경 쓰는 규정.

3. 오픈소스 생태계와 AI 저작권 분쟁

소프트웨어 저작권 분쟁의 양상은 지난 20년 동안 극적으로 변화하였다. 초창기 저작권 분쟁의 중심은 불법복제 소프트웨어의 무단 사용이었다. CD·DVD 복제, 상용 프로그램을 무단으로 설치하는 행위, 기업 내 불법 복제 단속 등이 전형적인 분쟁 패턴이었다.

그러나 인터넷 기반 개발문화가 확산되고, GitHub와 같은 대규모 협업 플랫폼이 등장하면서 소프트웨어 생태계의 중심축은 폐쇄형 상용 SW → 공유·협업 기반의 오픈소스 SW로 완전히 이동하였다.

이에 따라 소프트웨어 저작권 분쟁의 패턴 역시 "저작권자의 배타적 권리를 침해했는가"라는 단순 구조에서 벗어나, "라이선스로 부여된 자유를 제대로 준수했는가", "협업 규범을 얼마나 성실히 이행했는가"라는 규범적·계약적 분쟁으로 재편되고 있다.

(1) 첫 번째 분쟁 유형

첫 번째 분쟁 유형으로는 라이선스 불이행이 있다. "복제를 막는 권리"에서 "자유를 지키는 권리"로 오픈소스 생태계에서 가장 빈번한 분쟁은 라이선스 조건 불이행이다. 과거 상용 SW 복제 사건과 달리, 오늘날 OSS 분쟁의 핵심은 "금지"가 아니라 "의무"(obligation)에 있다.

대표적으로 GPL(GNU General Public License)은 소스코드 사용을 자유롭게 허용하지만, 그 대가로 소스코드 공개, 동일 라이선스 유지(copyleft) 등 일정한 조건을 부과한다. 최근 수년간 다양한 OSS 단체가 기업을 상대로 "소스코드를 공개하지 않았다" "GPL 프로그램을 정적 링크하면서도 라이선스 조건을 무시했다" "수정 내용을 공개하지 않았다" 등의 이유로 가처분 및 손해배상 청구를 제기한다.

이는 기존 저작권의 행사가 "내 저작물을 허락 없이 복제하지 말라"라는 금지 중심 모델이었다면, 오픈소스 생태계에서는 "내가 부여한 자유를 침해하지 말라"라는 자유 보전 모델로 진화했음을 의미한다.

즉, 오픈소스 저작권의 행사는 배타적 통제의 수단이 아니라 협업 규범을 유지하는 제도적 장치로 기능한다.

(2) 두 번째 분쟁 유형

두 번째 분쟁 유형은 라이선스 혼합 충돌의 문제로서 아키텍처 설계 단계의 저작권 문제이다. 즉, 라이선스 혼합(conflict of licenses)은 매우 복합적인 문제를 보이는데 현대 소프트웨어는 수백 개의 라이브러리와 수천 개의 종속성(dependency)으로 구성된 모듈화 구조를 가지며, 각 컴포넌트는 서로 다른 라이선스(MIT, Apache, GPL, AGPL 등)에 따라 배포된다.

예컨대, MIT 또는 Apache 라이선스는 매우 자유로운 퍼미시브(permissive) 계열이지만, GPL은 강한 카피레프트 성격을 가진다. 프로젝트 내부에서 이러한 라이선스가 무분별하게 혼합될 경우 다음과 같은 충돌이 발생할 수 있다.

라이선스 혼합으로 발생할 수 있는 문제

① GPL 코드와 Apache 2.0 코드는 일부 조합에서 법적으로 양립 불가능

② GPL 컴포넌트를 전체 프로그램에 링크하면 전체 프로그램도 GPL 대상이 될 가능성

③ 상용 코드에 GPL 코드가 포함되면, 제품 전체를 공개해야 하는 위험

1. GPL 코드와 Apache 2.0 코드의 법적 비호환성 문제

(1) 기본 구조: 양 라이선스가 부과하는 의무의 충돌

GPL(GNU General Public License, v2/v3)은 강한 카피레프트(Strong Copyleft) 성격을 가지는 반면, Apache License 2.0은 퍼미시브(Permissive) 계열 라이선스이지만, 특허조항(patent clause) 등 일부 강한 조항을 포함한다.

문제는 다음과 같다. GPL은 2차적저작물(derivative work) 전체가 동일한 GPL로 배포될 것을 요구한다. 그러나 Apache 2.0은 소스코드 공개 의무는 없지만, NOTICE 파일 유지, 특허 라이선스 부여, 트레이드마크 사용 제한 등 GPL과 양립하기 어려운 추가 의무(additional requirements)를 부과한다.

GPLv2는 "추가적인 제한(additional restrictions)을 허용하지 않는다"는 원칙을 갖는다.

그렇기 때문에 GPLv2와 Apache 2.0을 하나의 프로그램 안에서 결합하면 Apache 2.0이 부과한 의무가 GPL이 금지하는 '추가 제한'이 되므로 법적 충돌이 발생한다.

(2) FSF(Free Software Foundation)의 공식 입장

FSF는 공개적으로 다음과 같이 명시한다. Apache License 2.0은 GPLv2와 호환되지 않는다. 단, Apache 2.0은 GPLv3와는

호환된다. 즉, GPLv2 프로젝트는 Apache 2.0 코드를 절대 포함할 수 없고, GPLv3 프로젝트는 Apache 2.0을 포함할 수 있다. 이 차이는 GPLv3가 Apache 2.0의 특허조항을 반영하여 설계되었기 때문이다.

(3) 기술적 충돌 구조

GPL-Apache 충돌은 단순한 법률 조항 문제에 그치지 않고 기술적 구조에서도 문제를 일으킨다. 링크(정적·동적)가 발생하는 경우, 소스코드 결합(combination)이 이루어진 경우, 동일 코드베이스(tree)에 두 라이선스가 혼합되는 경우, 이때는 해당 결합물이 "하나의 프로그램(derivative program)"인지 여부가 쟁점이 된다. 한 실행 파일로 빌드되는 경우 → 사실상 하나의 프로그램으로 간주하여야 하는 것이므로 Apache 2.0 라이브러리를 GPLv2 프로젝트에 포함하면 법적으로도, 기술적으로도 '혼합물'로 평가되어 불가능해진다.

2. GPL 컴포넌트를 링크하면 전체 프로그램이 GPL이 될 가능성

(1) GPL의 핵심: 링크(linking)가 '2차적저작물'을 만든다는 해석

GPL의 가장 본질적인 특징은 다음 조항이다.

GPL 라이브러리와 결합해 하나의 프로그램을 구성하는 경우, 그 전체 프로그램은 GPL로 배포해야 한다. 문제는 "결합(combination)"의 범위를 어떻게 이해할 것인가이다.

FSF는 다음과 같이 해석한다.

- 정적 링크(static linking) → 100% GPL 적용
- 동적 링크(dynamic linking) → 사실상 GPL 적용
- IPC, 소켓 등 완전한 프로세스 분리 → 결합이 아닐 수 있음

특히 정적 링크의 경우, 컴파일 시 GPL 라이브러리의 코드가 사용자의 프로그램 내부로 직접 병합되므로 모든 법률가들이 거의 일관되게 GPL 적용을 인정한다.

동적 링크는 기술적으로 분리되어 있지만, FSF는 다음과 같이 주장한다.

라이브러리가 없으면 실행할 수 없는 구조라면 '사실상 하나의 프로그램'이므로 GPL 적용 대상이다.

이 해석은 법원 판례로 확정된 것은 아니지만, 대다수 기업(구글, 레드햇, IBM 등)은 보수적으로 GPL 해석을 채택하여 리스크를 회피한다.

(2) GPL의 "바이러스 효과(Viral Effect)" 혹은 "전염성(Copyleft Reach)"

GPL의 링크 조항은 원본 GPL 컴포넌트, 그와 결합된 비GPL

컴포넌트, 전체 프로그램 모두 GPL로 공개해야 하는 결과를 낳을 수 있다. 이 때문에 업계에서는 GPL을 "바이러스 라이선스(viral license)"라고 부르기도 한다. 물론 이는 비판적 표현이지만, 법적 효과를 설명하는 데에는 여전히 유효하다.

(3) 실제 발생하는 문제

예를 들어 다음과 같은 상황을 가정하자. 상용 프로그램 A는 GPL 라이브러리 B(libB.so)와 정적 링크 또는 동적 링크로 결합되었다. 이 경우 프로그램 A는 전체를 GPL로 공개해야 할 수도 있고, 소스 코드를 공개하지 않은 채 배포하면 GPL 위반이 된다. 즉, 링크 여부 하나가 상용 SW 전체의 라이선스를 변화시키는 결정적 요인이 된다.

3. 상용 코드에 GPL 코드가 포함될 때 제품 전체 공개 의무가 발생하는 위험

(1) 기본 위험: 제품 전체의 저작권 상태가 GPL로 '오염'될 수 있음

기업이 상용 프로그램에 GPL 컴포넌트를 포함하는 경우, 다음과 같은 시나리오가 발생한다.

〈시나리오의 예〉

제품 A는 회사의 독점 코드(Proprietary Code)로 구성, 그러나 내부 기능을 구현하기 위해 GPL 라이브러리 B를 사용 A와 B가 결합되면 전체 프로그램이 GPL 적용 대상이 될 수 있음. A의 소스코드를 공개하지 않으면 GPL 위반. 즉, 상용 소프트웨어에 GPL 코드가 단 1줄이라도 결합 방식(특히 링크)을 통해 포함되면, 전체 소스코드를 공개해야 하는 위험이 발생한다.

(2) 왜 위험한가?

기업 입장에서 GPL 위험이 크다는 이유는 다음과 같다. “영업비밀·독점 코드가 공개될 수 있다.”
→ 경쟁우위 요소를 스스로 공개하는 셈이다.

“오픈소스 커뮤니티가 강력한 집단적 감시를 수행한다.”
→ GPL 위반 프로젝트는 즉시 공개적으로 제기된다.

“고객(특히 B2B) 요구사항 충돌”
→ 상용 프로그램에 GPL이 포함되면 고객이 납품을 거부할 수 있다.

“법적 제재 가능성”
→ GPL 위반 조직은 소송, 가처분, 제품 배포 중단 위험을 감수해야 한다.

(3) 실제 기업 사례

실제 업계에서는 다음과 같은 사례가 보고되었다.
- Cisco vs. FSF: GPL 소스코드 포함 문제로 합의
- TV·셋톱박스 제조사 대량 제소: BusyBox 관련 GPL 위반
- 웹서버·라우터·임베디드 제품 수천 종이 GPL 위반으로 단속됨.

이 사례들은 단순히 오픈소스 코드를 잘못 포함했을 뿐인데 제품 전체가 공개 대상이 될 수 있음을 보여준다.

(4) 기업이 사용하는 3단계 방어 전략

기업들은 다음 원칙을 통해 GPL 위험을 관리한다.
- GPL 코드의 제품 내 포함 금지(Whitelist/Blacklist 정책)
- GPL 코드 사용 시 프로세스 분리(IPC 구조) 설계
- SBOM 및 오픈소스 스캐너로 지속적인 검증

특히 AI 모델의 추론 단계에서 GPL 코드가 출력되는 경우, 기업은 출력 코드가 GPL인지 여부를 알 수 없으며, 이는 새로운 GPL 위험을 야기한다.

4. 왜 이 문제가 AI 시대에는 더 중요해졌는가?

AI 모델이 대규모 오픈소스 코드를 학습할 때 다음과 같은 문제가 발생한다.
- 모델이 무의식적으로 GPL 코드를 재현할 가능성
- 사용자에게 제안된 코드가 GPL인지 아닌지 알기 어렵다는 위험
- AI 출력물이 GPL이라면,
→ 그 코드를 상용 제품에 포함한 사용자가 GPL 공개 의무를 부담할 수 있음.

즉, 과거 "개발자가 직접 GPL 코드를 넣어야 발생하던 문제"가 이제는 "AI가 자동으로 넣어주는 상황"으로 확장되었다. 따라서 GPL-Apache·GPL-상용 코드 간의 비호환성 문제는 기존 소프트웨어 개발보다 AI 기반 개발 환경에서 훨씬 더 복잡하고 위험한 문제가 되었다.

이러한 혼합 문제는 단순한 침해 판단의 문제가 아니라, 소프트웨어 아키텍처 설계 단계에서 라이선스 전략을 고려해야 하는 고차원적 문제이다.

결국 소프트웨어 개발 과정은 법률 문제와 기술 설계가 교차하는 복합적 구조를 띠게 된다.

(3) 세 번째 분쟁 유형

세 번째 분쟁 유형으로는 AI 학습과 오픈소스가 있다. 이는 "라이선스가 예상하지 못한 이용 형태"로서 AI 시대 들어 가장 중요한 쟁점은 오픈소스 코드가 AI 학습 데이터로 활용될 때 라이선스가 어떻게 적용되는가이다.

① AI는 공개되어 있는 모든 코드를 "읽고" 학습한다. Copilot·ChatGPT Code Interpreter와 같은 AI 모델은 GitHub·GitLab의 공용 저장소로서 Stack Overflow, 패키지 레지스트리, 개발자 블로그·문서 등의 데이터를 대규모로 수집하여 학습한다.

문제는 대부분의 오픈소스 라이선스는 학습(training)을 명시적으로 허용하지도, 금지하지도 않는다는 점이다.

따라서 다음의 질문이 필연적으로 제기된다.

② 학습 목적의 복제는 허용되는가? 라이선스 조건(예: 저작자 표시, GPL의 동일 라이선스 유지)을 무시한 채 학습에 사용하는 것은 침해인가?

AI가 출력한 코드가 기존 GPL 코드와 동일하거나 유사한 경우, 그 출력물도 GPL이어야 하는가? AI개발자는 라이선스 위반 책임을 지는가, 아니면 사용자가 책임을 지는가? 이러한 질문은 기존 저작권과 오픈소스 라이선스가 전제한 "복제·배포" 구조와 전혀 다른 비물질적·

비가시적 이용 형태를 다루어야 한다는 점에서 새로운 규범적 도전을 의미한다.

(4) 오픈소스 컴플라이언스의 필요성

많은 기업이 오픈소스 관리를 법무팀의 업무로 오해하지만, 실제로는 엔지니어링 문화(engineering culture)의 문제에 더 가깝다.

1) SBOM(Software Bill of Materials)의 등장

SBOM은 소프트웨어에 포함된 모든 라이브러리·버전·라이선스를 정리한 "소프트웨어 재료 명세서"로서, 선체의 도면이 선박의 구조를 드러내듯, 제품의 법적·기술적 구조를 투명하게 드러낸다.

2) 오픈소스 사용 정책(OSSP)

각 기업은 다음을 명문화한다. 어떤 라이선스는 어떤 조건에서 사용 가능한지, GPL 계열을 사용하는 경우 제품 구조를 어떻게 설계해야 하는지, 개발자가 PR을 제출할 때 라이선스 정보를 어떻게 표기해야 하는지를 드러낸다.

3) 오픈소스 책임자(OSPO: Open Source Program Office)의 역할

대형 기업(구글, 마이크로소프트, 메타)은 OSPO를 운영하여 신규

라이브러리 도입 승인, 내부 라이브러리의 외부 공개(오픈소싱) 검토, 라이선스 위험 분석, SBOM 검증 등을 수행한다.

결국 오픈소스 컴플라이언스는 저작권 리스크를 최소화하기 위한 비용이 아니라, 장기적으로 더 자유로운 개발을 가능케 하는 인프라 투자이다.

(5) AI 시대와 오픈소스

"오픈소스는 AI 학습을 허용하는가?" AI 학습은 기존 오픈소스 라이선스가 상정한 복제(copy)/배포(distribution) 개념을 근본적으로 확장시킨다.

1) 학습은 복제인가?

GPU 메모리에 코드가 로드되고, 미니배치 학습 과정에서 수백만 번 재복제되는 과정은 전통적 의미의 복제와는 다르지만, 저작권법상 "일시적 복제"에 포함될 수 있다.

2) AI 출력물이 원본 코드와 유사한 경우

Copilot이 GPL 코드를 유사하게 출력했다면? 그 출력물도 GPL이어야 하는가?

사용자는 이 사실을 알지 못했는데 책임을 져야 하는가? AI가 만든 코드에 저작권은 누구에게 귀속되는가?

3) 차세대 라이선스 논의의 필요

MIT·Apache·GPL·AGPL은 모두 "GitHub 등장 이전", "AI 학습 이전" 시대에 만들어진 규범이다. 따라서 학습·확률적 출력·모델 파라미터 등 새로운 이용 형태를 반영하는 AI-aware 라이선스가 필요하다는 논의가 본격화되고 있다.

(6) 오픈소스 공헌자 보상과 생태계 지속 가능성 문제

오늘날 수많은 오픈소스 프로젝트는 소수의 유지관리자, 비영리 커뮤니티, 무급 자원봉사자에게 사실상 의존하고 있다.

그러나 AI 기업은 이들 프로젝트를 학습 데이터로 활용하여 거대 모델을 개발하고, 막대한 상업적 이익을 얻는다. 그 결과 다음과 같은 문제들이 부각되고 있다.

소프트웨어 인프라 유지 비용을 누가 부담하는가? 오픈소스 기여자의 노력이 플랫폼 기업의 자본 축적에 편승되는 것은 아닌가? 라이선스·후원·보상 모델이 새롭게 설계될 필요가 있는가? 즉, AI 시대의 오픈소스는 단순한 저작권 문제가 아니라 노동, 기여, 자원 분배, 생태계 지속 가능성이라는 사회경제적 질문과 직결된다.

오픈소스는 저작권의 적이 아니라 "저작권을 재구성하는 질서"이다. 오픈소스 라이선스는 종종 "저작권을 약화시키는 운동"처럼 오해되지만, 실제로는 그 반대다. 오픈소스는 저작권을 전제로 하되, 저작권을 통해 더 개방적이고 협력적인 질서를 실험하는 제도적 실험이다. 즉, 오픈소스는 다음과 같은 메시지를 담고 있다. “권리를 포기하라”가 아니라 “권리를 조건부로 공유하라.” “내 코드 사용을 금지한다”가 아니라 “자유롭게 사용하되, 공동체의 규칙을 존중하라.” “저작권은 배타적 통제의 장치”라는 전통적 관념을 넘어, 저작권을 협업의 규칙으로 재구성하는 시도이다.

AI 시대에 오픈소스 규범은 다음과 같은 근본적 질문에 직면한다. 오픈소스 코드의 AI 학습을 어디까지 허용할 것인가? AI가 출력한 코드에 오픈소스 라이선스 의무가 승계되는가? 오픈소스 생태계는 AI 기업과의 가치 배분 문제를 어떻게 조정할 것인가? 차세대 라이선스는 AI 학습·확률적 출력·모델 파라미터의 이용을 어떻게 규율할 것인가? 커뮤니티·기업·정부는 어떠한 방식으로 새로운 규범을 공동 설계해야 하는가? 오픈소스의 미래는 법정에서만 결정되지 않을 것이다. 수십억 개의 GitHub 커밋, 포크(fork), 이슈(issue), PR(pull request) 속에서 이미 개발자들은 새로운 규범을 실험하고 있다. 소프트웨어 저작권의 미래는 라이선스 조항이 아니라 이를 실제로 구현하고 유지하는 개발자 공동체의 문화와 실천에 의해 결정될 가능성이 크다. 따라서 AI 시대의 오픈소스 규범 재설계는 기술기업, 오픈소스 커뮤니티, 정책 입안자, 법률가가 함께 해결해야 할 협력적 과제이다. 이는 단순히 법적 문제를 넘어, 소프트웨어 개발의 자유·공정성·지속 가능성을 위한 21세기적 사회계약(social contract)을 새롭게 작성하는 과정이기도 하다.

III

생성형 AI 기업 분쟁 사례

1. Doe v. GitHub 사건[1]의 개요와 의미(일명 Copilot 사건)

(1) 당사자 구성

가. 원고

가명으로 표시된 J. Doe 1, J. Doe 2 등 소프트웨어 개발자들(이후 추가 원고·집단대표 포함) 자신과 추정 집단을 대표하는 익명의 5명의 원고로, Joseph Saveri Law Firm, LLP와 Matthew Butterick. 이들은 GitHub에 공개 저장소(public repository)를

1 Doe v. GitHub, Inc., 672 F. Supp. 3d 837 (N.D. Cal. 2023)

운영하면서 MIT, GPL 등 오픈소스 라이선스를 부착해 코드를 배포해 온 개발자들이다.

나. 피고

GitHub, Inc. Microsoft Corporation, Orrick, Herrington & Sutcliffe LLP가 대리함.

OpenAI, Inc., OpenAI L.P., OpenAI GP LLC 및 관련 펀드·운용사들(OpenAI Startup Fund 등).

(2) 법적 쟁점

Copilot 소송은 익명의 원고들이 GitHub, Microsoft, OpenAI를 상대로 제기한 집단 소송으로, 피고들이 원고의 저작권 자료를 사용해 Codex와 Copilot을 만들었다고 주장한다. Codex는 GitHub의 AI 페어 프로그래머인 Copilot을 구동하는 OpenAI 모델이다. 각 원고들은 Copilot이 GitHub에 저장된 원고 코드를 규율하는 OSS 라이선스를 준수하지 않는다고 주장했다.

원래의 소송 원인에는 DMCA 위반, 계약 위반 청구, 그리고 다양한 불법행위가 포함되었다. 이 사건은 LLM 제공업체를 상대로 한 첫 번째 집단 저작권 소송으로 홍보되지만, 직접적이거나 간접적인 저작권 침해 주장은 한 번도 포함된 적이 없다.

1) 오픈소스 소프트웨어 라이선스의 역할

오픈소스 소프트웨어는 현대 디지털 경제에서 핵심적인 역할을 수행하며, 그 법적·기술적 기반은 전적으로 저작권 라이선스의 집행 가능성 위에 놓여 있다. 미 정부기관, 글로벌 대기업, 중소 개발자 모두가 의존하는 오픈소스 생태계는 "공유된 코드 기반 위에서 공동 혁신을 가능하게 한다"는 구조적 강점을 가진다.

오픈소스 라이선스가 부여하는 자유와 의무—예컨대 소스코드 공개, 저작자 표시, 2차적저작물 동일 라이선스 유지—는 단순한 계약적 합의가 아니라 오픈소스 협업 모델의 지속성과 신뢰를 지탱하는 제도적 장치이다. 법은 다음과 같이 강조한다. 오픈소스는 비용 효율성과 기술적 투명성을 제공하며, 이는 정부와 산업계가 상용 소프트웨어만으로는 도달할 수 없는 혁신 속도를 가능하게 해왔다. 따라서 저작권 및 DMCA 체계는 오픈소스 라이선스가 실제로 집행될 수 있도록 해석되어야 하며, 라이선스 규범을 약화시키는 해석은 오히려 혁신 생태계를 훼손할 수 있다.

2) 소규모 개발자와 스타트업의 오픈소스에 대한 의존

소규모 개발자와 스타트업은 오픈소스에 의존하며, 이는 미국 경제 경쟁력의 핵심이다. 소규모 개발사·스타트업은 상용 소프트웨어 도입에 필요한 초기 비용을 감당하기 어려운 경우가 많다. 오픈소스는 이들에게 고품질 기술에 대한 접근성(access)과 시장 진입 촉진이라는 구조적 이점을 제공한다.

법은 소기업 회사를 대표하여 다음 사실을 강조한다. 소기업은 오픈소스를 통해 대규모 R&D 비용 없이도 혁신적 서비스를 개발할 수 있다. 다양한 산업에서 중소기업이 시장을 창출하고 경쟁하는 능력은 오픈소스 생태계의 안전성과 예측 가능성에 의존한다. 만약 오픈소스 라이선스 준수 메커니즘이 약화된다면, 소기업은 법적 불확실성 때문에 오픈소스를 활용하기 더욱 어려워지고, 이는 곧 미국 혁신 경제의 경쟁력에 직접적 타격이 된다. 즉, 오픈소스는 단순한 기술 공유를 넘어서 미국 전체 소프트웨어 산업의 경제적 기반 인프라로 평가된다.

3) DMCA §1202(b)에 '동일성(identity)' 요건 도입의 문제

법은 이번 사건(Does v. GitHub/Copilot·Stability AI 사건과 동일 계열 법리)에서 피고가 주장하는 "저작권관리정보(CMI)의 변경 또는 제거가 '동일 작품에서' 발생해야 한다"는 소위 identity requirement 해석이 법문·입법취지·기술환경 모두와 충돌한다고 주장한다.

> DMCA §1202(b) - Removal or alteration of copyright management information
> No person shall, without the authority of the copyright owner or the law—
> (1) intentionally remove or alter any copyright management information,
> (2) distribute or import for distribution copyright

management information knowing it has been removed or altered, or
(3) distribute copies of works or phonorecords, knowing that copyright management information has been removed or altered,
knowing, or having reasonable grounds to know, that it will induce, enable, facilitate, or conceal an infringement.

DMCA §1202(b) - 저작권 관리 정보의 제거 또는 변경
저작권 소유자의 허가 또는 법률 없이 누구든지 다음 행위를 해서는 안 된다.
(1) 고의로 저작권 관리 정보를 제거하거나 변경하는 행위,
(2) 저작권 관리 정보가 제거 또는 변경되었음을 알면서 해당 정보를 배포하거나 배포를 위해 수입하는 행위, 또는
(3) 저작권 관리 정보가 제거 또는 변경되었음을 알면서 저작물 또는 음반의 복제본을 배포하는 행위, 단, 이러한 행위가 침해를 유도, 가능하게 하거나, 용이하게 하거나, 은폐할 것이라는 사실을 알거나 알 만한 합리적인 근거가 있는 경우에 제한된다.

DMCA §1202(b)는 "저작권관리정보(CMI)를 고의로 제거 또는 변경하고, 그것이 저작권 침해를 유도·가능하게 한다는 것을 알면서 그 작품을 배포하는 행위를 금지한다"는 것이다.

DMCA §1202(b)의 구조를 쉽게 해석하면 DMCA §1202(b)는 다음 3가지 행동을 금지하는데 ① CMI(저작자명, 라이선스 표시 등)를 일부러 지우거나 바꾸는 것 ② 이미 지워지거나 변경된 CMI를 담고 있는 것을 유통하는 것 ③ CMI가 지워진 작품을 배포하는 것이다. 단, 이때 중요한 조건은 그 행위가 저작권 침해를 유도하거나, 돕거나, 은폐한다는 사실을 알고 있었거나, 그럴 가능성이 있다는 것을 알 만한 사정이 있었어야 한다. 이때 CMI를 삭제하면 저작권 침해가 더 쉬워진다는 것을 알면서 지우면 책임이 발생한다.

이때 "identity requirement"(동일성 요건)는 무엇인가? 피고(GitHub·Stability AI 측 논리)는 "CMI(저작자 이름 등)를 제거했다고 하려면, 반드시 '같은 파일(identical work)' 안에서 제거가 일어났다는 것을 입증해야 한다." 즉, A라는 원본 파일에서 저작권 정보가 삭제되었다는 사실이 그 파일 그 자체에서 확인되어야 한다.

예시로 보면 "원본 helloworld.c 파일에 있던 CMI가 삭제되었다면, 삭제 사실은 helloworld.c 파일 안에서 확인되어야만 한다." 그런데 AI 사건에서는 이런 일이 발생하지 않는다. 오픈소스·AI 사건에서는 '동일성(identical work)' 입증이 사실상 불가능하기 때문인데 AI·오픈소스 환경에서는 코드가 여러 저장소에서 포크(fork) 되고 파일들이 쪼개지고 병합된다. AI 모델은 수억 개 파일을 단일 학습 데이터 풀로 섞어서 학습, 출력되는 코드는 원본 파일 구조와 완전히 다른 형태로 나오게 된다.

즉, CMI가 삭제되었다 하더라도 "원본 파일"과 "AI 출력물"은 구조·내용·파일 경로·저장 위치가 완전히 다르기 때문에 '동일 파일'이라는 것이 존재하지 않는다.

따라서 피고가 요구하는 기준에 따르면 "CMI 삭제는 발생했지만, 그 삭제가 같은 파일 내에서 일어난 것이 아니므로 DMCA §1202(b) 책임이 성립하지 않는다"라고 주장할 수 있게 되는 것이다.

그렇다면 법원이 말하는 "identity requirement 해석이 법문·입법취지·기술환경과 모두 충돌한다"의 의미는 ① 법문과 충돌한다(text 문제) 부분의 경우 DMCA §1202(b) 어디에도 "같은 파일에서 삭제되었을 때만 위법이다"라고 적혀 있지 않다.

조문은 단지 "CMI가 삭제·변경되었는지 여부"만 묻고 있기 때문에 파일 동일성(identity)은 요구하지 않는다. ② 입법 취지와 충돌한다(purpose 문제) 부분의 경우 의회의 목적은 디지털 환경에서 저작권 표시 제거를 폭넓게 금지하는 것이었다. 왜냐하면 CMI 삭제는 저작권 침해를 은폐하여 매우 위험한 행동이기 때문이다.

그런데 "동일 파일 안에서 삭제된 경우만 금지된다"고 하면 대부분의 디지털 파일이 복사·포크·변환되는 현실에서 CMI 삭제는 사실상 처벌이 불가능하다. 즉, 법의 취지를 무력화하는 것이 된다. ③ 기술 환경과 충돌한다(technology 문제) 부분은 현대 기술 환경에서는 오픈소스 파일이 수십 번 포크 되어 코드 블록만 부분적으로 재사용된다. 즉, AI가 파일 단위가 아닌 토큰 단위로 학습하며 학습된 모델은 파일 개념 없이 코드 조각을 출력한다. 따라서 "같은 파일에서 삭제가 일어났는지" 따지는 것은 기술적으로 의미가 없다. 즉, identity requirement는 현대 소프트웨어 개발 방식과 맞지 않는다는 것이다.

결국 피고의 주장은 "CMI 삭제가 문제 되려면 삭제가 '같은 파일' 안에서 일어났다는 것을 증명해야 한다"고 주장하지만 법원은 법 어디에도 그런 말은 존재하지 않으며, 그렇게 해석하면 저작권 보호 취지가 사라질 뿐 아니라 AI·오픈소스 환경에서는 파일 단위가 없어져서 그 요구는 비현실적이며 기술적으로 불가능하다고 한다.

따라서 "identity requirement"는 DMCA에 존재하지 않는 위험한 제한을 새로 만들어내는 해석이다.

피고가 주장하는 '동일성(identity) 요건'이란, CMI 제거가 문제 되려면 반드시 동일한 파일 내에서 제거가 발생해야 한다는 해석을 말한다. 그러나 DMCA §1202(b)는 이러한 요건을 요구하지 않으며, 이 해석은 입법 취지(디지털 환경에서의 CMI 보호 강화)와 현대 기술 환경(포크·리믹스·AI 학습 구조) 모두와 배치된다. 따라서 identity requirement는 조문에도 없는 제한을 임의로 추가하는 잘못된 법해석이라는 것이다.

4) 법원의 해석

법원은 DMCA §1202(b)의 목적은 디지털 시대의 저작권 보호 강화이다라고 하면서 의회는 1202조항을 도입하면서, 디지털 환경에서는 저작권 표시(CMI)가 제거되거나 대체되는 행위가 저작권 침해를 조장할 수 있다는 점을 우려했다.

따라서 1202(b)의 취지는, 디지털 환경에서 저작권 정보를 제거하거나 변경함으로써 저작물의 부정 이용을 가능하게 하는 행위를 폭넓게 금지하는 것이다. 즉, "원본과 동일한 파일에서 제거되었을 때만 적용한다"는 협소한 기준을 법이 전제했다고 보기 어렵다.

특히 기술적 현실상 디지털 복제·전송 과정에서 '동일 파일' 개념은 무의미하다. 오픈소스 생태계와 AI 모델 훈련 생태계에서는 포크(fork), 재배포, 파일 분리 및 병합, 코드 스니펫 수준의 재사용 등이 일상적으로 발생한다. 이 과정에서 CMI(저작자 이름, 라이선스 명시 등)는 원본 파일과 "다른 파일" 또는 "다른 문맥"으로 이동하는 것이 자연스럽다. 만약 "동일 파일에서 제거되었는지"를 요구한다면 디지털 환경의 기술적 현실과 완전히 불일치하게 된다.

좁은 동일성 요구 법칙은 오픈소스 생태계를 직접적으로 약화시키는데 오픈소스 라이선스는 대부분 CMI 보존을 핵심 의무로 포함한다. 예를 들어 MIT는 저작권 표시 및 라이선스 사본의 유지를 요구하고 Apache 2.0은 NOTICE 파일 유지를 요구한다. GPL은 헤더·라이선스 선언을 유지하며 따라서 CMI 제거 금지 규정의 해석이 약화되면, 오픈소스 라이선스의 집행력 자체가 약화되어 오픈소스 생태계의 지속가능성이 위협받는다. 법은 ACT는 이 점을 매우 강조하며, 소규모 개발자·오픈소스 기여자·학계·정부조직 등 모든 참여자가 피해를 입는다고 경고한다.

그러므로 DMCA §1202(b)는 광범위하게 해석되어야 한다. 법의 취지는 법원에 다음과 같이 요청한다. §1202(b)에서 말하는 "제거, 변경, 허위 제공"의 금지 행위는 동일 파일 동일성 요건을 필요로 하지 않는다. 중요한 것은 결과적으로 저작권 관리 정보가 제거되어 저작권 침해 또는 오용을 조장하는가이지, "같은 파일에서 발생했는가"가 아니다. 이 해석이야말로 의회의 입법 취지, 디지털 기술 환경의 변화, 오픈소스 생태계의 기능과 보호 모두와 부합한다는 점이 강조된다.

(3) 현황

대부분의 원고 주장 대부분이 기각되고 유지되지 않았다. 연방 지방법원은 2023~2024년에 걸쳐 다수의 주장을 기각했으며, 특히 DMCA §1202(b) 관련 동일성(identity) 요건 문제를 놓고 중요한 쟁점이 남았다.

DMCA §1202(b) 청구는 2024년 1월 기각되었는데 판사는 Copilot이 생성한 코드가 원저작물과 정확히 동일하지 않다는 이유로 §1202(b) 기준을 충족하지 못했다고 판단하고 일부 청구를 기각했다.

2024년 9월, 항소심용 중간(Interlocutory) 항소 허가되어 이에 대해 원고는 §1202(b)(1) 및 §1202(b)(3) 조항의 적용 범위(동일성 요구 여부)를 법리 쟁점으로 하여 제9순회항소법원(Ninth Circuit)에 항소를 신청했고, 재판부는 이를 인정했다.

District Court 소송 절차는 항소심 진행 중 정지 상태로서 제9순회항소법원의 심리가 진행되고 있기 때문에, 하급심에서의 절차(재판 본안 등)는 이 항소 결과를 기다리며 정지된 상태이다.

핵심 쟁점은 §1202(b)가 동일성(identity) 요건을 요구하는지 여부로서 AI 출력물이 라이선스 정보 제거라는 DMCA 위반에 해당하는지 이 이슈가 항소심의 중요한 판단 포인트이다. 즉, 이 사건은 "소송이 끝났다"가 아니라 법률 해석이 항소심에서 결정될 것이라는 매우 중요한 경로를 걷고 있다.

Doe v. GitHub 사건(일명 Copilot 소송)은, GitHub·Microsoft·OpenAI가 GitHub 공개 저장소의 오픈소스 코드를 무단으로 학습 및 출력에 사용해, (i) 저작권 침해, (ii) 오픈소스 라이선스 위반(계약·불법행위), (iii) DMCA §1202(b) 위반(CMI 제거) 등 여러 청구가 제기된 사건이다.

2024년 7월, 캘리포니아 북부지방법원은 DMCA 및 상당수 청구를 각하하고, 계약 위반·라이선스 위반 관련 일부 청구만을 존치시키는 결정을 내렸다. 법원은 원고들이 구체적으로 Copilot이 원고의 어떤 코드를 어떤 방식으로 "동일하게" 또는 "실질적으로 유사하게" 출력했는지에 대한 사실관계를 충분히 주장하지 못했다는 점을 중시하였다. 이 사건의 특징은, 소송 초기에는 언론에서 "AI 학습 자체가 저작권 침해인지 여부를 가를 첫 사건"으로 주목했지만, 실제로는 저작권 침해보다는 오픈소스 라이선스·계약 준수 여부가 중심 쟁점으로 남았다는 점이다. 이는 "AI 학습의 저작권 침해 여부"가 아직 미국에서 본격적으로 판시된 것은 아니며, 학습 자체를 공정이용 또는 라이선스 범위 내 이용으로 보는 견해와 상당 규모의 권리자들이 "학습도 허락의 대상"이라고 보는 견해가 정면충돌 중이라는 점을 시사한다.

사건의 요약

1. 오픈소스 라이선스 준수의 문제

- 오픈소스 생태계의 핵심은 공유가 아니라 저작권 라이선스를 통한 조건부 자유와 의무 이행임.

2. DMCA §1202(b) 위반 여부와 결과의 동일성 요건

법원은 대부분을 각하하고 오직 출력물과 원저작물의 동일성, 특정성 충족 여부를 중시하는 흐름을 나타내 온 것을 유지할지 고민 중인 것으로 보임. 완전히 같지 않은데도 침해를 인정하면 창작과 개발의 자유가 꺾일 것이고 동일성 요건을 엄격하게 규정하면 오픈소스 라이선스가 요구하는 저작권 표시와 NOTICE 유지 의무를 축소시킬 것이기 때문임. 현재 9순회항소법원에서 심리가 진행 중임.

3. 집단적 피해 구조 및 손해의 특정 가능성 요건이 충족되는지 여부

2. Andersen v. Stability AI Ltd.[2] 개요와 의미(Stable Diffusion 이미지 생성기 사건)

(1) 당사자 구성

가. 원고

- Sarah Andersen: 유명 일러스트레이터(Instagram @sarahandersencomics), "Fangs" 등 출판물의 저작자
- Kelly McKernan: 프리랜서 아티스트, 상업적 일러스트 작업
- Karla Ortiz: 콘셉트 아티스트, 영화·게임 업계 활동

이 세 명은 자신들의 작품이 Stable Diffusion 학습데이터에 무단 포함되었다고 주장하며 집단소송(class action) 제기.

나. 피고

- Stability AI Ltd.: Stable Diffusion 모델 개발사(영국/미국 법인)
- Midjourney, Inc.: 이미지 생성 AI 서비스 제공업체
- DeviantArt, Inc.: 이미지 생성기 "DreamUp" 출시한 창작 플랫폼 운영사

2 Andersen et al. v. Stability AI Ltd. et al., No. 3:23-cv-00201 (N.D. Cal. filed Jan. 13, 2023).

각 피고가 ① AI 모델 개발 과정 ② 데이터 수집 과정 ③ 생성 이미지 배포 방식 등을 통해 저작권 침해에 공동 책임이 있다고 원고는 주장.

(2) 법적 쟁점

Andersen 사건은 AI 이미지 생성기와 저작권법 충돌을 본격적으로 다루는 최초의 본안 소송 중 하나이다.

주요 쟁점은 다음과 같다.

① 학습(training) 단계에서의 저작권 침해 여부 문제

Stable Diffusion 모델은 수백만 개의 저작권 있는 이미지로 학습되었는데 이 과정에서 원고들은 다음을 주장하였다.

"Stable Diffusion은 내 작품을 무단 복제하여 모델 내부에 보관하고 있다."

"학습은 단순한 '분석'이 아니라 비허락 복제(reproduction)이다."

이에 대해 "AI 학습 과정에서의 이미지 복제가 '저작권 침해'인가?" 라고 원고는 물었으나 미국 법원은 아직 이 문제에 대한 명확한 판례를 내놓지 않았다.

② 생성 이미지(output)가 원저작물의 2차적저작물(derivative work)인가 문제

원고 주장에 따르면 "Stable Diffusion이 생성한 이미지가 나의 스타일·구조·표현을 실질적으로 모방한다. 이는 명백한 2차적저작물 작성(derivative work creation)이다"라고 한다.

그러나 피고 반론은 Stable Diffusion은 "데이터베이스가 아니고 이미지를 저장하지 않는다." 출력물은 "통계적 재조합이며 특정 저작물의 복제물이 아니다"라는 것이다. 이에 대해 "AI가 생성한 이미지가 원작의 실질적 유사성(substantial similarity)을 충족하는가?"가 문제가 되었다.

③ 안정적 확산(Stable Diffusion) 모델 구조가 '저작물의 저장'을 구성하는가 문제

Stability AI는 "모델은 이미지를 저장하지 않는다"고 주장하지만, 원고는 다음과 같이 반박하였다. 학습 중 "잠재 공간(latent space)"이 원본 이미지를 복제·내포한다.

"모델 가중치(weights)"는 원본의 고유 표현을 압축된 형태로 저장한다. 잠재공간 또는 모델 파라미터가 저작권법상의 '복제물(copy)'로 인정될 수 있는가?

④ DMCA 1202(b)의 저작권관리정보(CMI) 제거한 것이 아닌가?

원고는 학습데이터에 포함됐던 CMI(저작자명·메타데이터)가 모델 학습 과정에서 제거되었으므로 DMCA §1202(b) 위반이다. 이 부분은 GitHub Copilot 사건과 동일한 쟁점이다.

그러자 AI 학습 과정이 "CMI 제거 또는 변경"에 해당하는가? 제거 사실을 "동일 파일"에서 입증해야 하는가?

⑤ 공정이용(Fair Use) 항변이 가능한가 여부

Stability AI 등 피고들은 학습은 변형적(transformative)이고 공개된 이미지의 기능적 특징만 추출하며 시장 잠식도 없으므로 공정이용(Fair Use)에 해당한다고 주장할 가능성이 크다.

이에 대하여 "AI 학습(training)이 공정 이용인가?"는 최초의 본격적 판단이 될 가능성이 높다.

⑥ 집단소송(class action) 요건 충족 여부

원고는 집단소송 형태를 청구했으나, 피고는 "개별 피해가 다르므로 class certification이 불가능하다"고 반박하였는데 이 또한 중요한 절차적 쟁점이 되었다.

(3) 현황

Andersen v. Stability AI Ltd., No. 3:23-cv-00201(N.D. Cal. 2023)은 세 명의 예술가가 Stability AI·Midjourney·DeviantArt를 상대로 제기한 소송으로, AI 학습 과정에서의 무단 복제 여부, AI 출력물의 2차적저작물성, 모델 파라미터의 저작권적 성격, DMCA § 1202(b) 위반 여부 등 인공지능 창작물 법리의 핵심을 포괄적으로 다루는 최초의 주요 사건이다.

현재 앤더슨 판결은 초기 청구 중 많은 부분이 기각된 상태로 2024년 8월 하급 법원은 원고의 수정 소장에서 다수의 청구를 기각했지만, 일부는 유지해 계속 진행하도록 했다. 본격적인 증거개시(discovery) 단계가 진행 중에 있는데 2025년 8월 기준, 양측은 이미 AI 학습 데이터셋을 포함해 관련 문서·증거를 주고받으며 상호 조사(discovery)를 진행하고 있다. 일단 법원이 직접 개입할 필요는 없지만, 양측은 계속해서 자료 제출 및 법정문서 교환을 이어가고 있다.

2024년 12월 기준 자료에 따르면, 이 사건은 trial(증거 조사 및 본안 심리) 단계로 가기 위한 준비가 진행 중이며, 실제 판결은 2026년 무렵의 본격적인 심리가 예정돼 있는 것으로 분석된다. AI 이미지 생성기가 저작권 보호 이미지를 무단으로 학습했는지 생성된 이미지가 원저작물에 대해 2차적저작물 또는 침해적 출력인지 이러한 핵심 쟁점에 대해 아직 본안 재판(증거개시 이후 심리)이 시작되지 않은 상황이다.

사건의 요약

1. 학습단계의 저작권 침해 성립 여부나(데이터셋 훈련과정 자체도 허락이 필요한지) 출력내용의 동일성 여부, 모델구조가 복제인지, § 1202(b)에서 CMI 제거가 법 위반인지 등.
2. 공정이용 항변성 전반적인 부분과 피해, 유사성 판단이 개별화되어 있어 집단소송인지 법원의 판단이 어려운 문제 발생.
3. 현재 2023-2024년 소장 수정으로 많은 청구가 기각된 상황에서 디스커버리(증거개시)와 사전 절차 등 장기화되고 있으나 판결이 나오면 학습단계의 CMI 제거와 출력단계 동일성 요건의 공정이용 항변의 기준 및 집단소송 여부와 같은 중요한 기준 등이 모두 나올 예정이라 매우 기대되는 상황임.

3. 두 판례가 주는 시사점

Copilot 사건은 법리적 기준(§1202 해석)을 정하는 판례 선형(landmark)이 될 가능성이 높고 항소심에서 "동일성 요건"이 폭넓게 해석되면, AI 출력물 관련 DMCA 적용 범위가 크게 확대될 수 있다.

Stability AI 사건은 아직 사실관계와 기술적 증거가 본격적으로 공개되는 단계로, 장기간 소송이 예상되며, 결과가 저작권법과 AI 학습 관계에 대한 전통적 법리를 시험하게 될 것이다. 두 사건 모두 수년간 법리 판단이 이어질 가능성이 크며 AI 코드 생성기를 개발하는 AI

소프트웨어 개발자들에게 가장 중요한 판결이 될 확률이 크다.

[표] 두 판례 현황

사건	현재 상태	주요 쟁점	다음 단계
Doe v. GitHub (Copilot)	제9순회항소법원에서 DMCA 해석 항소심 진행 중	§1202(b) 동일성 요건 적용 여부	항소심 판결 이후 하급심 재개
Andersen v. Stability AI	증거개시 중 (pre-trial)	AI 학습 데이터의 저작권 침해 여부	본안 심리(재판) 준비 및 예정

Doe v. GitHub 사건은 제9순회항소법원에서 DMCA §1202(b) 해석을 중심으로 항소심이 진행 중이며, 하급심 절차는 이를 기다리며 정지된 상태이다. Andersen v. Stability AI 사건은 증거개시 단계에 진입했으며, 본안 재판 준비가 진행 중이다. 양 사건 모두 아직 최종 판결에 이르지 않았고, 2026년 이후 법원의 본격적 구두심리가 예상된다.

그러므로 Doe v. GitHub 사건(일명 Copilot 소송)은, GitHub·Microsoft·OpenAI가 GitHub 공개 저장소의 오픈소스 코드를 무단으로 학습 및 출력에 사용해,

(i) 저작권 침해,

(ii) 오픈소스 라이선스 위반(계약·불법행위),

(iii) DMCA §1202(b) 위반(CMI 제거) 등 여러 청구가 제기된 사건이다. 2024년 7월, 캘리포니아 북부지방법원은 DMCA 및 상당수 청구를 각하하고, 계약 위반·라이선스 위반 관련 일부 청구만을 존치

시키는 결정을 내렸다.

법원은 원고들이 구체적으로 Copilot이 원고의 어떤 코드를 어떤 방식으로 "동일하게" 또는 "실질적으로 유사하게" 출력했는지에 대한 사실관계를 충분히 주장하지 못했다는 점을 중시하였다. 이 사건의 특징은, 소송 초기에는 언론에서 "AI 학습 자체가 저작권 침해인지 여부를 가를 첫 사건"으로 주목했지만, 실제로는 저작권 침해보다는 오픈소스 라이선스·계약 준수 여부가 중심 쟁점으로 남았다는 점이다.

이는 "AI 학습의 저작권 침해 여부"가 아직 미국에서 본격적으로 판시된 것은 아니며, 학습 자체를 공정이용 또는 라이선스 범위 내 이용으로 보는 견해와 상당 규모의 권리자들이 "학습도 허락의 대상"이라고 보는 견해가 정면충돌 중이라는 점을 시사한다. 왜냐하면 Copilot 사건은 어디까지나 지식의 재생산이라는 측면에서 어문 저작물을 재생산하는 부분이다 보니 출처 표기에 있어 중복성이 있을 수 있고 지식은 한 저작자만의 독점적인 것이라고 보기 어려운 경우도 상당히 존재하여 학습단계보다는 출력 단계에서의 동일성 문제가 더 중요시되는 부분이 분명 존재하고 있고, 오픈소스 라이선스에서의 공지의무를 존중받는 부분이 보다 중요한 쟁점이 되고 있는 것이 사실이다.

반면에 Andersen v. Stability AI 사건은 이미지 사건이다 보니 출처에 있어 이미지 학습은 저작자가 명확히 존재하는 측면이 있고 이때 권리관리정보를 삭제하는 문제가 보다 민감하기 때문에 학습단계에서의 불법성도 상당히 중요할 뿐만 아니라 결과적으로 어떤 풍의 그림과 이미지를 동일성 측면에서 같게 볼지 다르게 볼지에 대해 법원이 상당한 고심을 하고 있는 것으로 보인다. 그리하여 구조상 유사한 모습을 보이고 있지만 학습단계와 출력단계 모두에서 매우 심사숙고하여 판단하고 있는 판결이 아닌가 한다. Andersen v. Stability AI 사건은 이미지 생성 모델(Stable Diffusion 등)에 관한 소송이라는 전 세계의 이목을 한 몸에 받으며 원고들이 피고가 권리자 허락 없이 수백만 장의 이미지를 학습 데이터로 사용하였고, 그 결과 생성된 이미지가 원본 스타일·구성을 모방한 2차적저작물에 해당한다고 주장하였고 디스커버리(증거개시) 등이 요구된 현재 법원은 2023~2024년 일련의 결정에서 모든 청구를 즉시 각하하지 않고, 일부 저작권 침해·상표·퍼블리시티권 청구가 소명 가능성이 있다며 진행을 허용하고 있다. 즉, 코드 대신 이미지가 문제였지만, Andersen 사건은 다음 두 가지 중요한 메시지를 던진다.

첫째, 훈련 단계에서의 대량 복제 자체가 저작권 침해인지 여부가 쟁점으로 열린 상태이며, 둘째, 학습된 모델이 생성한 산출물이 "실질적 유사성"을 가진다면 2차적저작물 침해로 평가될 수 있다는 가능성을 법원이 배제하지 않았다는 점이다. 코드 분야에서도, Copilot이 특정 라이브러리의 코드를 거의 그대로 출력하는 경우, Andersen 논리와 마찬가지로 2차적저작물·복제권 침해가 문제 될 수 있기 때문에 이 판결은 매우 주목된다.

또한 양 판결 모두 집단 소송으로 제기된 만큼 이러한 소송을 집단 소송성으로 소송물 이론상 인정될 수 있는지 법원의 결정에 귀추가 주목된다.

IV

생성형 AI 저작권 관련 각국의 법제

1. 미국 저작권법 §1202

(1) 저작권법상 위치

미국 연방법 17 U.S.C. §1202(DMCA 조항 중 하나)는 제목은 "Integrity of copyright management information(저작권 관리정보의 무결성)"으로서 미국 저작권법(Title 17) Chapter 12에 구성되어 있다.

§1201: 기술적 보호조치(TPM) 우회 금지
§1202: 저작권 관리정보(CMI)의 무결성 보호
§1203: §1201·§1202 위반에 대한 민사 구제
§1204: §1201·§1202 위반에 대한 형사 처벌
§1205: 세이빙 조항

즉, §1202는 "권리관리정보(RMI/CMI)를 함부로 손대지 마라"는 별도의 독립 위반행위를 규정한 조항이다. "복제·공중송신"과는 별개의 위반이며, 침해가 실제로 일어나지 않아도 성립할 수 있다. 다만 "침해를 유발·용이 하게 할 것이라는 인식"은 필요하다.

(2) 조문 구조

§1202는 크게 다섯 부분으로 나뉜다.

(a) False CMI - 허위 저작권관리정보 제공 금지
(b) Removal/Alteration - CMI 제거·변경 금지
(c) Definition - CMI의 정의
(d) Law enforcement - 수사·정보기관 예외
(e) Limitations on liability - 방송·케이블 사업자에 대한 책임 제한

여기에 더해,

§1203: 민사 구제(손해배상·법정손해배상, 3배 배상 등)

§1204: 형사처벌(고의 + 영리 목적) 규정이 다음 규정에 위치하고 있다.

(3) 저작권 관리정보

(c) CMI의 정의, 즉 무엇이 "저작권 관리정보"인가? 조문상 먼저 (c)를 이해해야 (a)(b)가 보인다. §1202(c)는 "copyright management information(CMI)"를 다음과 같은 정보라고 정의한다.

작품의 제목 및 식별 정보, 저작권 표시(notice)에 들어가는 정보 포함(©, 연도, 권리자명 등), 저자(author)의 이름 및 기타 식별 정보, 저작권자(copyright owner)의 이름 및 기타 식별 정보, notice상의 소유자 이름 등. (비영상물의 경우) 공연자의 이름 및 식별 정보, 공연이 음원 등에 고정되어 있는 경우 해당 performer 크레딧. (영상물의 경우) 작가, 공연자, 감독 등의 크레딧 정보, 영화 엔딩 크레딧에 나오는 writer / performer / director 등, 작품 이용 조건(terms and conditions for use), 라이선스 조건, 사용 허가 범위, 요금 조건 등 위 정보에 연결되는 식별번호, 심벌, 링크 등이 여기에 속한다.

그래서 예를 들면 ISRC, ISBN, UCI, 내부 컨텐츠 ID, URL 링크 등이 있고, 저작권등록관(Copyright Office)이 규정으로 추가하는 정보, 중요한 부정 규정도 존재한다.

"사용자 개인에 대한 식별정보는 포함되지 않는다"로서 즉, 작품·저자·권리자·이용조건·식별자에 관한 정보 전체가 CMI이고, 사진의 EXIF 메타데이터, 워터마크, 자막·크레딧, HTML의 © footer, API 응답 속 라이선스 필드 등까지 모두 포함될 수 있다.

(4) 허위 표시 금지와의 관계

(a) False CMI: "허위 표시"에 대한 금지 규정인 §1202(a)는 아주 간단한데 "누구든지 고의로, 그리고 침해를 유발·용이·은닉하려는 의도를 가지고 허위 CMI를 제공하거나 허위 CMI를 배포·수입해서는 안 된다."

여기서 핵심 요소를 분해하면 행위 유형으로서 false CMI를 제공(provide)하거나 false CMI를 배포(distribute)·수입(import for distribution)하는 등 주관적 요건으로서 이른바 "이중 (혹은 삼중) 고의", "허위"라는 사실을 알고 있어야 하고(knowingly), 그 행위가 침해를 induce, enable, facilitate, conceal 하려는 의도를 가지고 있어야 한다. 즉, 단순한 실수성 오기입이 아니라, "라이선스를 속이려고 거짓 크레딧을 붙이는 행위" 같은 경우를 겨냥한다.

그래서 남의 사진에 자신의 이름을 ©로 표시해 배포하고 상용 글꼴 파일에 "무료 상업적 이용 가능"이라는 허위 라이선스 텍스트를 붙여 올리는 행위, 이때, "타인의 이용을 부추겨 저작권 침해를 유도하려는 의도"가 입증되면 §1202(a) 위반이 될 수 있는 것이다.

(5) CMI 제거와 변경 금지

(b) Removal or Alteration: CMI 제거·변경 금지는 최근 두 판결 AI 소프트웨어 개발자들이 주목하고 있는 앤더슨판결과 Copilot 판결에서 가장 문제 되는 조항으로 §1202(b)는 AI·오픈소스·메타데이터 삭제에서 가장 많이 우려하고 있는 조항이다.

이때 행위 유형은 3가지로 나눌 수 있는데 "저작권자 또는 법률의 권한 없이" 다음 중 하나를 하면 안 된다.

첫째, CMI를 의도적으로 제거·변경(intentionally remove or alter)

둘째, 이미 제거·변경된 CMI를 알면서 그런 CMI를 배포·수입

셋째, CMI가 제거·변경된 작품·복제물·음반을 알면서 배포·수입·공연

이 세 가지이다. 그래서 직접 지우든지, 지워진 걸 유통하든지, 지워진 채 해당 작품을 유통·공연하든지 모두 포섭될 수 있다.

특히 동기적인 부분에 있어서 "double scienter" 행위가 위 세 가지 중 하나에 해당할 뿐 아니라, 추가로 다음도 요구된다.

행위자가 그 행동이 저작권 침해를 유발(induce), 가능하게(enable), 용이하게(facilitate), 은닉(conceal)한다는 것을 "알고 있거나, (민사에서는) 알 만한 합리적 이유가 있었어야 한다(having reasonable grounds to know)."

그래서 학설·판례에서 흔히 "double scienter(이중 정신요건)"라고 부른다.

그러므로 구체적으로 요건을 바꾸어 말하면,

첫째, CMI를 제거/변경한다는 것을 아는 것,

둘째, 그 결과가 침해를 촉진·은닉할 것이라는 점도 아는 것,

둘 다 필요하다는 것이다.

그러나 이는 일반적인 "가능성"만으로는 부족하고 "언젠가 누가 침해할 수도 있겠지" 수준이 아니라, 해당 상황에서 침해 위험과의 인과적 연결("nexus")이 요구된다는 입장이 필요하다.

그러므로 "Identicality(동일성, identity) 요건" 논쟁에 대해 일부 연방항소법원은, CMI가 제거·변경된 바로 그 작품/복제물이 나중에 침해에 사용되어야 §1202(b)가 적용된다고 해석한다. 즉, A 작품의 메타데이터를 지우고, 전혀 다른 B 작품이 침해된 경우까지 §1202(b)를 확장하는 것은 과도하다는 견해이다.

최근 AI 관련 소송들(예: 이미지·코드 크롤링)이 "모델 전처리 단계에서 CMI를 싹 제거했다. 이후 대규모 침해를 용이하게 했다"는 구조로 §1202(b)를 주장하고 있다.

예를 들어 뉴스 사진의 파일에서 EXIF 메타데이터의 저작자/저작권자 정보를 삭제한 뒤 썸네일로 재업로드하여 이용자들이 자유롭게 퍼가도록 만든 경우 상업용 스톡 사진에서 워터마크·로고를 제거하고 판매하면 오픈소스 코드의 주석에 있던 라이선스·저작자 표시를 자동으로 삭제한 후, 그 코드를 재배포한다. 이런 경우, (a) CMI 제거 + (b) 그로 인해 침해가 쉽게 일어날 것이라는 인식이 있으면 §1202(b) 위반이 된다.

(6) 수사, 정보기관 등 합법적 활동에서의 비적용

모든 법칙에는 예외가 있는데 d) 수사·정보기관 예외 규정이 바로 그것으로 §1202(d)는 정부·수사·정보기관의 합법적 활동을 예외로 둔다. 미국 연방/주/지방정부의 합법적 수사(investigative), 보호(protective), 정보보안(information security), 정보수집(intelligence) 활동은 §1202 위반으로 보지 않는다.

예를 들어 디지털 포렌식 분석 과정에서 CMI를 제거하거나 변경하는 경우 등이 그러하다.

(7) 방송, 케이블 사업자에 대한 책임 제한

(e) 방송·케이블 사업자에 대한 책임 제한 규정도 있는데 §1202(e)는 방송국·케이블 사업자가 신호 전송 과정에서 CMI를 유지하기 어려운 기술적·규제적 상황을 고려한 세이프 하버라 할 것이다.

먼저 아날로그(analog) 전송의 경우: §1202(e)(1), 방송국·케이블 시스템·프로그램 제공자가 CMI를 온전히 전송하기 기술적으로 불가능하거나 과도한 비용 부담이 있고, 동시에 침해를 유도·은닉하려는 의도가 없다면, §1202(b) 책임을 면제할 수 있다.

둘째, 디지털 전송의 경우: §1202(e)(2) 업계가 자발적 합의 표준(standard)을 만들어 CMI를 어디에, 어떻게 넣을지 정한 경우에는 그 표준에 맞게 행동한 방송·케이블 사업자에게 §1202(b) 책임을 묻지 않도록 설계할 수 있다. 표준이 아직 없는 경우에도, CMI를 넣으면 신호 품질이 심각하게 떨어지거나 정부 규제·산업 표준과 충돌하면 역시 일정한 범위에서 면책할 수 있다. 즉, §1202가 방송·케이블 기술 현실을 무시하고 무한책임을 지우지 않도록 하는 안전판이라 할 것이다.

(8) 민형사 구제방안

민사 구제 규정은 §1203에 §1201 또는 §1202를 위반한 자에 대해 침해를 입은 자는 연방지방법원에 민사소송 제기가 가능하다.

그리하여 법원이 할 수 있는 조치는 금지명령(가처분·영구금지), 위반 기기·제품의 압수·폐기, 손해배상, 실제손해 + 부당이득, 또는 법정 손해배상(statutory damages)이 있다.

§1202 위반 건당 최소 2,500달러~최대 25,000달러로서 변호사비, 소송비용의 부담 명령을 내릴 수 있으며 3년 내 반복 위반 시 3배(triple) 배상이 가능하다.

형사처벌 규정은 §1204인데 §1201·§1202 위반이 고의(willfully), 상업적 이득 또는 사익 목적이면 첫 위반 시 최대 5년 징역 또는 50만 달러 이하 벌금 또는 병과한다.

재범 시 최대 10년까지 가능하며 실무상 §1202만으로 형사기소되는 경우는 드물지만, 대규모 상업·조직범죄에서는 카드로 함께 올라갈 수 있다.

(9) 입법 취지와 WIPO·DMCA 맥락

미국 의회·저작권청 설명에 따르면, §1202는 WIPO 저작권 조약(WCT)과 실연·음반조약(WPPT)이 요구한 "권리관리정보(Rights Management Information, RMI)의 보호 의무"를 이행하기 위한 조항이다.

디지털 환경에서 메타데이터, 워터마크, 라이선스 표시 등 CMI가 제거되면 완벽한 디지털 복제를 통한 대규모 해적행위가 매우 쉬워진다. 따라서, 단순한 저작권 침해 조항(복제·공중송신)만으로 부족하고, "CMI를 함부로 지우거나 거짓 입력하는 행위" 자체를 별도 금지할 필요가 있다. 최근 논문들은 §1202의 원래 목적이 "인터넷상 대규모 해적행위"였음을 상기시키면서, 오늘날 AI·SNS·플랫폼 사건에서 §1202를 어디까지 확장할지 논의하고 있다.

2. 우리나라 저작권법 제104조의3

(1) 현황

우리나라 저작권법 제104조의3은 "권리관리정보의 제거·변경 금지" 조항이 있고, 고의 또는 과실로 권리관리정보를 제거·변경·허위 추가하거나 그렇게 된 것을 알면서 유통·공연·전송하는 행위를 금지한다.

현행 규정

제104조의3(권리관리정보의 제거·변경 등의 금지) ① 누구든지 정당한 권한 없이 저작권, 그 밖에 이 법에 따라 보호되는 권리의 침해를 유발 또는 은닉한다는 사실을 알거나 과실로 알지 못하고 다음 각 호의 어느 하나에 해당하는 행위를 하여서는 아니 된다. 〈개정 2011. 12. 2.〉

1. 권리관리정보를 고의로 제거·변경하거나 거짓으로 부가하는 행위
2. 권리관리정보가 정당한 권한 없이 제거 또는 변경되었다는 사실을 알면서 그 권리관리정보를 배포하거나 배포할 목적으로 수입하는 행위
3. 권리관리정보가 정당한 권한 없이 제거·변경되거나 거짓으로 부가된 사실을 알면서 해당 저작물등의 원본이나 그 복제물을 배포·공연 또는 공중송신하거나 배포를 목적으로 수입하는 행위

② 제1항은 국가의 법집행, 합법적인 정보수집 또는 안전보장 등을 위하여 필요한 경우에는 적용하지 아니한다.

[본조신설 2011. 6. 30.]

2011년 개정 전 규정

제104조의3(권리관리정보의 제거·변경 등의 금지) ① 누구든지 정당한 권한 없이 저작권, 그 밖에 이 법에 따라 보호되는 권리의 침해를 유발 또는 은닉한다는 사실을 알거나 과실로 알지 못하고 다음 각 호의 어느 하나에 해당하는 행위를 하여서는 아니 된다.
1. 전자적 형태의 권리관리정보를 고의로 제거·변경 또는 허위 부가하는 행위
2. 전자적 형태의 권리관리정보가 제거·변경되거나 또는 허위로 부가된 사실을 알고 해당 저작물등의 원본이나 그 복제물을 배포·공연 또는 공중송신하거나 배포의 목적으로 수입하는 행위
② 제1항은 국가의 법집행, 합법적인 정보수집 또는 안전보장 등을 위하여 필요한 경우에는 적용하지 아니한다.
[본조신설 2011. 6. 30.]

(2) 개정 취지

2011 개정전과 2011 개정 이후 한눈에 보는 구조 변화는 "2개 유형 → 3개 유형" + "전자적 한정 제거"가 생겨난 것으로 볼 수 있다.

첫째, 보호대상 범위에서 '전자적 형태' 한정이 사라졌는데 구 조문(2011. 6. 30. 신설) "전자적 형태의 권리관리정보"만을 대상으로 삼

는 문구가 각호에 명시되었다.

그리하여 개정 조문(2011. 12. 2.)은 “권리관리정보”로만 규정하고 있고, 전자적, 비전자적 모두 포함하는 방향으로 확대되었다.

이러한 효과는 디지털 메타데이터(EXIF[3]/IPTC[4]), 워터마크, 해시, 식별자 같은 전자적 RMI뿐 아니라 오프라인/비전자적 표기(예: 인쇄물의 크레딧/권리자 표기, 라벨/캡션 등)도 더 넓게 포섭될 여지가 커졌다. 즉, “사진·영상·문서에 붙어 있는 출처·저작자 정보를 파일 안에 숨어 있든(EXIF/IPTC 같은 전자정보) 겉에 적혀 있든(인쇄물 크레딧, 캡션, 라벨 등) 함부로 지우거나 바꾸면 모두 문제 될 수 있다는 뜻이다.

[그림]과 같이 사진 파일 안에는 ‘보이지 않지만 존재하는 정보’가 들어 있으며 보통 마우스 오른쪽 클릭 → “속성” → “자세히” 하면 나온다.

전자적 RMI(디지털 파일 안)는 파일 속에 숨어 있는 정보로서 EXIF(사진 촬영 정보), IPTC(저작권자·출처·사용조건), 디지털 워터마크(눈에 안 보이게 심은 표시), 해시·식별자(파일 추적용 ID) 특징상 일부러 지우지 않으면 남아 있지만 AI 학습, 업로드, 변환 과정에서

---

3 EXIF = Exchangeable Image File Format 디지털 사진 파일 안에 자동으로 들어가는 정보로서 보통 카메라나 스마트폰이 촬영 순간에 자동 기록이다. EXIF에 들어가는 대표 정보는 촬영 날짜·시간, 카메라 기종, 렌즈 정보, 촬영 위치(GPS), 촬영자 정보(있을 수 있음)로서 쉽게 말해 “사진 파일 속 주민등록등본 같은 것”이다.

4 IPTC = International Press Telecommunications Council, 언론·출판 업계가 만든 ‘저작권·출처 정보 표준’ 사진 기자, 언론사, 출판사가 직접 입력하는 것으로 IPTC에 들어가는 대표 정보는 저작권자 이름, 사진 설명(캡션), 사용 조건(© OO, All Rights Reserved), 연락처, 출처(Agency, Photographer), 쉽게 말해 “사진의 명함 + 계약조건 요약본”이다.

[그림] 디지털 메타데이터

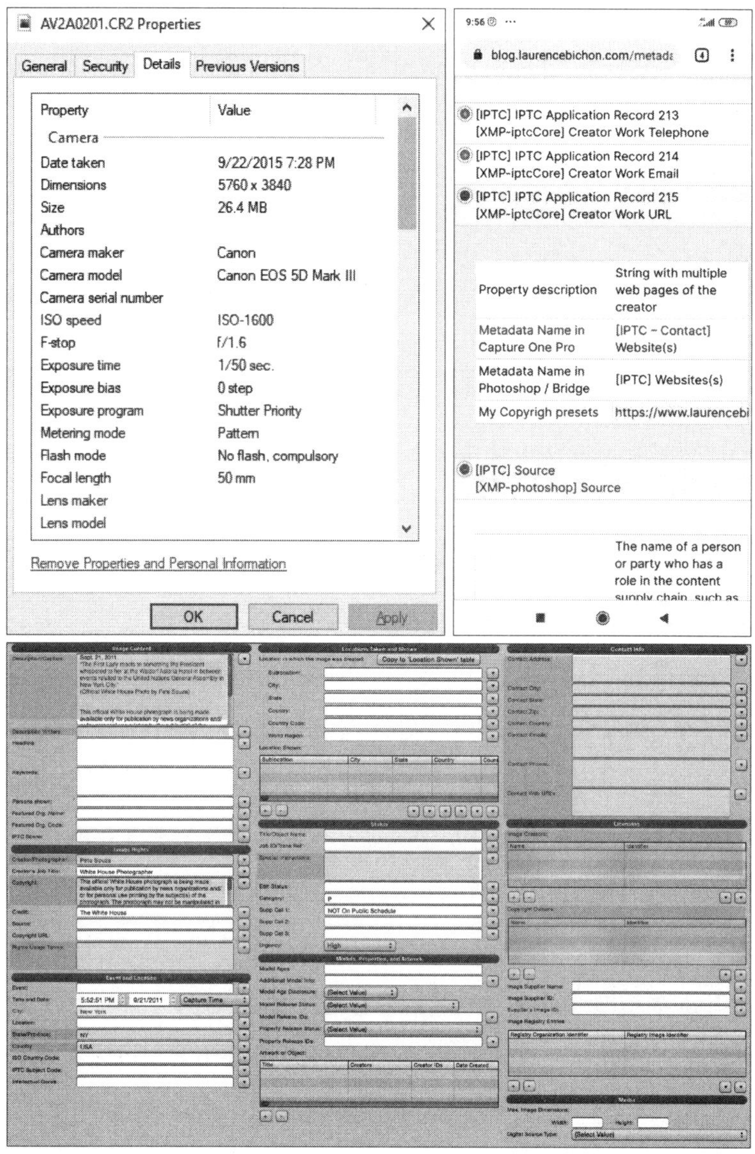
AV2A0201.CR2 Properties
General
Security
Details
Previous Versions
Property
Value
Camera
Date taken
9/22/2015 7:28 PM
Dimensions
5760 x 3840
Size
26.4 MB
Authors
Camera maker
Canon
Camera model
Canon EOS 5D Mark III
Camera serial number
ISO speed
ISO-1600
F-stop
f/1.6
Exposure time
1/50 sec.
Exposure bias
0 step
Exposure program
Shutter Priority
Metering mode
Pattern
Flash mode
No flash, compulsory
Focal length
50 mm
Lens maker
Lens model
Remove Properties and Personal Information
OK
Cancel
Apply
blog.laurencebichon.com/metad
[IPTC] IPTC Application Record 213
[XMP-iptcCore] Creator Work Telephone
[IPTC] IPTC Application Record 214
[XMP-iptcCore] Creator Work Email
[IPTC] IPTC Application Record 215
[XMP-iptcCore] Creator Work URL
Property description
String with multiple web pages of the creator
Metadata Name in Capture One Pro
[IPTC - Contact] Website(s)
Metadata Name in Photoshop / Bridge
[IPTC] Websites(s)
My Copyright presets
https://www.laurencebi
[IPTC] Source
[XMP-photoshop] Source
The name of a person or party who has a role in the content

자동 삭제되는 경우도 많다. 또한 비전자적(오프라인) RMI(눈에 보이는 표시)는 사람이 눈으로 보는 정보로서 인쇄물의 © 홍길동(저작권 표시), 사진 아래 캡션(사진 ○○기자), 전시 라벨(작품명·작가·연도), 책 표지 크레딧(저자·출판사)으로서 파일 안이 아니라 겉에 적혀 있어서 예전에는 "전자정보만 보호되는 거 아니냐?"는 논란이 있었다.

개정 전 오해 가능성은 전자적 형태의 권리관리정보만 금지하고 종이에 적힌 크레딧은 괜찮은 거 아닌가 하는 주장의 여지가 있었다. 개정 후 현재는 "권리관리정보"라는 말로서 전자적이라는 말은 삭제되었는데 이제는 사진 파일 속 EXIF/IPTC를 지워도 문제가 될 수 있는데 인쇄물의 '사진가 이름'을 일부러 지우거나 전시 캡션을 제거해도 문제가 생겨난다. 즉, 형태가 디지털이냐 종이냐가 아니라, '저작권 관리 목적의 정보냐'가 기준이 된 것이다.

아주 현실적인 예로 설명하면 사진을 복사하면서 EXIF/IPTC를 일부러 제거하고 AI 학습 데이터 만들 때 저작자 메타데이터 자동 삭제, 전시 자료집에서 작가 이름을 고의로 빼버린 것으로 기사 사진에서 "© ○○통신" 표시 삭제하였다. 즉, 그 정보가 남아 있으면 누가 만들었는지, 누가 책임지는지 알 수 있는데 그걸 일부러 지워서 침해를 숨기면 안 된다는 것이다. 제104조의3 개정의 진짜 의미는 저작권자를 추적할 수 있게 해주는 정보라면 파일 안에 있든, 종이에 적혀 있든 고의로 지우거나 바꾸면 불법이 될 수 있다는 의미이다. 그리하여 개정 취지 설명자료도 "전자적뿐 아니라 비전자적까지 포함"을 명시한다.

AI 학습에서 EXIF / IPTC 자동 삭제가 저작권 침해 입증에 상당한 어려움을 가져오는 이유

1. 무엇이 실제로 벌어지는가? AI 학습 파이프라인에서는 흔히 다음 과정이 자동으로 일어난다

이미지 수집
→ 포맷 통일(JPEG/PNG)
→ 용량·노이즈 최적화
→ 메타데이터(EXIF/IPTC) 자동 제거
→ 학습 투입

기술적으로는 "가볍게 만들기 위한 전처리"지만 법적으로는 "권리 관리정보(RMI) 제거"가 된다.

2. 왜 '위험'해지는가?

제104조의3조와 DMCA §1202의 공통 구조로서 저작권 관리 정보(EXIF/IPTC 등)가 존재하고 그 정보가 제거·변경된다.
그 결과
→ 저작권 침해를 쉽게 하거나
→ 침해자를 추적하지 못하게 되는 것이다. 그래서 AI 학습은 이러한 제거·변경으로 인해 저작권 침해를 쉽게 하고 침해자를 추적하지 못하게 하는 효과를 가져온다.

3. AI 학습에서 저작권법상 문제 되는 이유

AI 학습은 일반 복제와 다르다고 보고 있는데 보통 침해는 "누가 이 사진을 썼는지"를 추적이 가능하지만 AI 학습은 "어떤 데이터가 학습에 쓰였는지" 역추적이 거의 불가능하다.
그래서 EXIF/IPTC까지 사라지면 저작권자가 자기 작품이 학습됐다는 사실조차 증명이 불가하다.
이것이 바로 법이 말하는 "침해 은닉"이라 할 수 있는 것이다.
"학습을 위해 어쩔 수 없었다"는 기술적 사정은 RMI 자동 삭제에 대한 면책 사유가 되기 어렵다. 그래서 "자동 처리였어요", "모델 성능 때문에요"와 같은 내용은 위험을 줄여주지 않는다.

둘째, 금지행위 유형의 "세분화"는 구 2호가 둘로 쪼개져 더 촘촘해진다. 구 조문은 (1) RMI 자체를 만지는 행위 (2) RMI가 훼손된 저작물 등을 유통하는 행위의 2개 축이었다.

[표] 개정 전 제104조의3와 개정 후 법적 효과

구분	2011. 6. 30.(구)	2011. 12. 2.(개정)
RMI 조작	1호: 전자적 RMI 제거·변경·허위부가	1호 RMI 제거·변경·거짓부가 (전자적 한정 삭제)
RMI "자체" 유통	없음	2호 신설 "훼손된 RMI 그 자체"를 배포/수입(배포 목적) 금지

구분	2011. 6. 30.(구)	2011. 12. 2.(개정)
훼손 RMI가 붙은 저작물 등 유통	2호: 훼손/허위부가 사실 알고 저작물 등 배포·공연·공중송신/수입	3호로 이동·정비: 훼손/거짓부가 사실 알고 저작물 등 배포·공연·공중송신/수입

위에서 보다시피 "요건(주관적 요소)"은 큰 틀 유지하되, 다만 적용면이 넓어졌는데 현행(개정 후) 104조의3 제1항 머리 부분은 공통적으로 다음 요건 구조를 가진다. 즉, "정당한 권한 없이" "권리침해를 유발 또는 은닉한다는 사실을 알거나 과실로 알지 못하고" 각호의 행위를 하면 금지되는데, 핵심은 '요건'이 바뀌었다기보다, (1) 대상이 넓어지고 (2) 금지행위가 쪼개져 입증·적용이 쉬워진 것이다.

왜 "2호(권리관리정보 자체의 배포/수입 금지)"가 중요해졌는데 개정 전에는 RMI를 떼어낸 '정보(메타데이터/식별자)' 자체를 따로 퍼뜨리는 행위를 직접 겨냥하기가 상대적으로 어려웠다. 그러나 개정 후에는 RMI 자체가 훼손된 상태로 '돌아다니는 것'으로 예를 들어 훼손된 메타데이터 템플릿이나 DB를 배포, 훼손된 식별자 세트를 유통 등의 문제도 독립적으로 규율할 수 있게 되었던 것이다.

문언 차이(디테일)로 생기는 해석상 포인트도 있는데 즉, 허위 부가는 '거짓으로 부가'로 변경한 부분의 경우 그 의미는 실질적으로 유사하지만, 개정 후 문구가 정비되며 허위나 거짓 표시를 통한 혼동 유발을 일관되게 포섭하려는 흐름으로 읽힌다.

특히 "제거·변경되거나 또는 허위로 부가된 사실"은 "제거·변경되거나 거짓으로 부가된 사실"로서 구성 자체는 유지되나, 개정 후에는 2호(정보 자체)와 3호(저작물 등)로 갈라져, 어느 단계에서 무엇을 유통했는지에 따라 적용 호가 달라지게 된 것이다.

2011년 개정 흐름은 권리관리정보(RMI)·기술적 보호조치(TPM) 등 이른바 "디지털 환경의 권리보호 장치"를 강화하는 축과 함께 설명되는 경우가 많고, 관련 해설자료는 한·미 FTA 이행 맥락에서 '전자적뿐 아니라 비전자적까지' 보호대상 확대를 명시하게 되었다.

그리하여 전자적 형태로 한정되던 것이 삭제되어 비전자적 RMI까지 포섭 가능성이 높아지는 등 범위가 확장된 점, 유형상 세분하는 부분에 있어 (구) 2호 하나로 묶였던 것을 'RMI 자체 유통(2호)'과 '저작물 등 유통(3호)'으로 분리하게 된 점으로 인해 적용·입증이 더 정밀해진 점이 달라졌으며 그 결과 실무 효과는 메타데이터 삭제와 변조뿐 아니라, 훼손된 RMI가 따로 유통되는 경로까지 직접 규율하는 구조로 강화되었다.

3. 한국 제104조의3 vs 미국 DMCA §1202의 비교

(1) 제도의 기능과 보호법익

우리나라 저작권법 제104조의3의 기능은 저작권 침해 자체를 처벌하는 것이 아니라 침해를 추적·관리하는 정보의 무결성을 유지하고자 하는 것이다. 그래서 저작권법 제104조의3은 '권리관리정보'(RMI)를 권리자 식별·권리조건 표시·이용허락, 수익분배·추적의 기반으로 보고, 이를 무단으로 제거·변경하거나(1호), 무단 제거·변경된 RMI 자체를 유통하거나(2호), 또는 그러한 RMI가 훼손된 저작물 등을 유통·공중송신하는 행위(3호)를 금지한다.

조문은 특히 이러한 행위가 저작권 등 침해를 유발 또는 은닉한다는 사실을 알거나 과실로 알지 못한 경우까지 포섭함으로써, 권리관리정보의 무결성 훼손이 침해의 준비행위·은닉행위로 기능하는 현실을 규율 대상으로 삼는다.

한편 미국 DMCA §1202(Integrity of copyright management information)도 동일한 정책목표를 공유한다.

§1202는 크게 (a) 허위 CMI 제공·유통(false CMI)과 (b) CMI 제거·변경 및 제거된 CMI가 붙은 저작물 등의 유통을 금지하는 구조로, "침해를 유도·가능하게 하거나 촉진·은닉"하려는 의도를 요건으로 둔다. 즉, DMCA §1202 역시 '저작권 침해'와 별개로, 저작권 관리 정보(CMI)의 신뢰성과 연결성을 훼손하는 행위 자체를 독립적으로 제재한다.

요컨대 양 제도는 (i) "권리자·작품·조건"을 나타내는 정보가 기술·플랫폼 환경에서 제거될 때, (ii) 권리자가 이용을 통제하거나 침해를 입증·추적하는 능력이 급격히 약화된다는 점에 주목하며, 정보의 무결성(integrity)을 보호법익으로 설정한다는 점에서 출발점이 같다.

[표] 한국 제104조의3 vs 미국 DMCA §1202

구분	한국 저작권법 제104조의3	미국 DMCA §1202
보호 대상	권리관리정보(RMI)	CMI (Copyright Management Information)
EXIF/IPTC	포함	포함
제거 금지	○	○
고의 요건	고의 또는 과실	고의 + 알면서
자동 삭제	위험	매우 위험
손해배상	일반 손해배상	법정손해배상(Statutory Damages)

(2) 객관적 구성요건

저작권법 제104조의3에서 침해행위는 "RMI 자체 유통"을 독립적으로 분리하고, 미국은 DMCA 1202조는 (a)와 (b)로 양분한다.

그리하여 한국 저작권법 제104조의3은 ①항에서 1호에서 제거·변경·거짓부가, 2호는 RMI 자체의 배포와 수입, 3호의 경우 훼손된 RMI가 붙은 저작물 등의 배포·공연·공중송신과 수입으로 3단 구성을 취한다.

특히 2호는 무단 제거하거나 변경된 RMI를 그 정보 자체로서 유통하는 행위를 별도로 포착한다는 점에서, 권리관리정보가 데이터베이스·메타데이터 묶음 형태로 거래·배포되는 현대적 유통 경로를 정면으로 규율하려는 성격을 갖는다.

미국 §1202는 (a)에서 '허위 CMI' 제공·유통을, (b)에서 'CMI 제거·변경'과 'CMI가 제거된 상태임을 알면서 저작물 등을 유통, 공중전달' 하는 행위를 규정한다. 즉 미국은 (a)와 (b)로 큰 축을 나눈 뒤, (b)에서 removal/alteration 및 knowing distribution을 포괄적으로 정리하는 방식이다.

두 체계는 표현 방식이 다를 뿐, 실질적으로는 ① 정보 자체를 조작하는 단계와 ② 그 조작 결과물을 유통·전파하는 단계를 함께 제재한다는 점에서 기능적으로 유사하다. 다만 우리나라는 "RMI 자체 유통"을 명시적으로 분리해 적용의 명확성을 높인 반면, 미국은 (a)/(b)의 틀 아래에서 'CMI의 진실성'과 'CMI의 제거'를 분리해 규율한다는 차이가 있다.

(3) 주관적 요건

우리나라는 고의·과실인가 여부 중에서 '과실'까지 명시하고 있지만 미국은 'knowingly + intent'(알았다는 것)가 중심이다. 가장 큰 차이는 주관적 요건이라고 할 수 있다.

우리나라 저작권법 제104조의3은 요건에서 "침해를 유발 또는 은닉한다는 사실을 알거나 과실로 알지 못하고"라는 문언을 두어, (i) 실제로 알았던 경우뿐 아니라 (ii) 주의의무를 다했다면 알 수 있었는데도 부주의로 몰랐던 경우까지 포섭한다. 또한 1호는 "고의로 제거·변경 또는 거짓부가"를 직접 요구하지만, 전체적으로는 '의도적 은닉'만을 겨냥하기보다 대규모·반복적 처리 과정에서의 관리부실, 즉 제대로 관리를 하지 못한 컴플라이언스 실패도 제재 사유로 삼을 수 있는 문언 구조를 갖는다.

반면 미국 §1202는 핵심적으로 "knowingly and with the intent to induce, enable, facilitate, conceal infringement" 말 그대로 '알면서 + 침해 유도, 가능, 촉진, 은닉의 의도'를 요건으로 한다. 이는 특히 §1202(a)에서 명시적으로 확인되는데 §1202(b)도 '알면서'(knowledge) 및 '의도'(intent) 요구가 결합된 형태로 운영되는 것을 알 수 있다.

따라서 미국은 문언상 과실만으로는 부족하고, 최소한의 인식(knowingly)과 더 나아가 목적·의도(intention)의 입증이 중요해지는 경향이 있다.

이 차이는 AI 학습·대규모 크롤링처럼 자동화된 파이프라인, 즉 추출과정에 주는 의미가 상당히 크다.

우리나라 저작권법 제104조의3에서는 "자동 삭제였다"는 항변이 곧바로 면책을 의미하지 않는다. 대규모 사업자라면 메타데이터 제거를 예견·통제할 관리의무가 있었다는 논리로 과실을 인정할 여지가 구조적으로 열려 있게 되는 것이다.

그러나 미국에서는 같은 사실관계라도 해당 기업이 실제로 제거 사실을 인식했고, 그것이 침해를 촉진 또는 은닉하려는 의도와 연결된다는 점을 어떻게 입증할지가 핵심 쟁점이 된다.

다만 실제 소송에서는 정황증거로 의도를 구성하려는 시도가 빈번하다.

이것은 우리나라 저작권법 제104조의3은 "관리를 제대로 안 한 책임"을 묻는 것을 의미하고 미국 DMCA §1202는 알고도 그렇게 하려는 마음을 묻는다. 그러나 이 차이가 AI 자동화·크롤링·학습 파이프라인에서 결정적으로 작동하게 된다.

예를 들어 A사가 AI 이미지 생성 모델을 개발하는 회사로서 인터넷에서 사진 100만 장을 수집해 학습하였는데 사진에는 원래 사진가 이름, 통신사(유통사) 표시, 사용 조건과 같은 EXIF/IPTC 메타데이터가 들어 있었다. 그런데 학습 전처리 과정에서 용량 최적화, 포맷 통일 과정 중에서 메타데이터가 자동으로 전부 삭제되었다.

그렇게 되었을 때 A사는 "우리가 지운 게 아니라 라이브러리가 자동으로 지운 것이다"라고 했을 때 우리나라 저작권법 제104조의3과 미국 DMCA §1202는 달리 접근할 수 있다.

우리나라 저작권법 제104조의3은 관리책임 위주로 책임 근거를 묻기 때문에 "그럼 관리 책임은 누가 져야 하는가"에 있어서 이 정보가 저작권 관리 정보라는 걸 알 수 있는 위치에 있었는지, AI 기업으로서 대규모 데이터를 반복적으로 처리하면서 기술 전문가와 법무팀을 갖추고 있는지, 전처리 과정에서 무슨 일이 일어나는지 알 수 있었는지, 알 수 있었는데 확인하지 않았는지가 중요한 관리자 책임으로서 책임을 구성하게 된다.

그래서 위의 내용에 대해 대부분 "예"라고 답하게 된다면 법원은 구체적 침해개별 사례 하나하나는 몰랐다고 하더라도 과실이라고 한다. 그리하여 자동삭제가 아니고 의도가 없었다고 해도 관리하지 않은 책임은 여전히 과실로 인정될 수 있게 되는 것이다. 즉, 의도적으로 숨기려 하지 않았더라도 관리자로서 회사는 다른 것들을 성실히 하지 못했다면 책임지게 한다.

한편 미국 DMCA §1202는 알고서 그렇게 한 것인가가 상당히 중요한 관건이라고 할 수 있다. 즉, 권리관리정보가 삭제된다는 걸 알고 있었고, 그 결과로 침해가 쉬워질 걸 의도했는지 즉 미국은 마음속 상태, '의도'를 훨씬 중요하게 본다.

즉, 회사가 기본 라이브러리를 썼고 소프트웨어 개발자는 메타데이터 삭제 효과를 몰랐다고 항변하면 정황증거에 집중할 수 있다. 먼저 내부 문서에 출처 정보는 학습에 방해된다는 것, 메타데이터는 필요 없다는 부분이 있었는지, 둘째, 엔지니어가 메타데이터 제거 옵션을 일부러 켰거나 켜진 걸 알고도 놔둔 정황이 있는지 셋째, 이와 같이 AI 소프트웨어를 개발하면 저작권자가 추적하기 어려워진다는 걸 회사가 알고 있었는지, 넷째, 그럼에도 불구하고 학습 규모를 키우고 데이터를 외부와 공유했는지를 정황상 '의도'를 살펴야 한다.

그래서 정황이라고 하더라도 "당신은 알고 있었고(knowingly) 침해가 쉬워질 걸 알면서도 진행했다(intent)"라고 한다면 §1202 책임이 성립하게 될 것이다.

그래서 AI 자동화 파이프라인, 추출행위의 위법성에 대한 평가적 차이가 우리나라와 미국은 달라질 수 있는 부분이 분명 존재하는 것이다.

자동이든 수동이든 관리할 수 있었으면 책임을 지며, 특히 자동화되는 경우 보다 높은 관리를 해야 한다고 생각하는 우리나라에 비해 미국은 자동이라는 말은 알고 있었는지를 따져보는 출발점일 뿐, 자동화 그 자체는 의도 입증의 간접증거에 지나지 않고 그 이후 모든 과정에서의 구체적 의도를 살펴야 한다.

그래서 우리나라는 관리 메카니즘(컴플라이언스 시스템), AI 소프트웨어 개발에 있어서 점검 절차, 로그 기록, 메타데이터 유지와 검토 정책이 있었는지 자체가 중요하며 만일 이러한 관리를 하고자 하는 부분이 없으면 과실 인정 가능성이 높아진다.

한편 미국에서는 내부 이메일, 개발 문서, 회의록, 엔지니어 발언이 이 모여서 “의도”가 존재했는지 입증하는 것이 중요하다. 즉, 위험에 대해 누군가가 발견하면 그에 대해 대처를 해야 함에도 우리는 알았고, 그래도 했다는 그림이 그려지면 위험하게 되는 것이다.

그래서 우리나라 저작권법 제104조의3은 왜 관리하지 않았느냐가 중요한 부분이고 미국의 §1202 책임은 알면서 왜 그렇게 했는가라고 할 수 있을 것이다. 그래서 같은 AI 학습 파이프라인도 우리나라에서는 과실 책임, 미국에서는 의도 입증 싸움이 되는 것이다. 결국 법이 보는 ‘고의’ vs. ‘과실’은 “당신은 그 정보가 저작권 관리 정보라는 걸 알 수 있는 위치에 있었는가?”가 중요하며, ‘고의’로 인정되는 전형적 경우는 메타데이터 제거 옵션을 의도적으로 늘리고 워터마크 제거 필터를 사용하였으며, “출처 정보는 학습에 방해됨” 내부 문서가 발생되는 등의 내용이 포함되면 고의로 인정될 가능성이 높다. 그러나 ‘과실’로 인정되는 전형적 경우는 오픈소스 라이브러리를 사용하고 기본값이 메타데이터를 삭제하는 것도 있을 수 있으나 대규모 데이터 학습, 전문 기업, 반복적 처리가 필요하므로 “이 정도 규모·기술력이라면 확인하고 조치했어야 한다”는 것이 과실로 인정된다.

판례에서 공통적으로 나오는 기준 단어들은 예견 가능성, 회피 가능성, 관리·통제 가능성, 사업 규모, 전문성 등 AI 기업은 이에 대한 방어가 되지 않는 경우 매우 불리할 수 있다.

판사가 실제로 ‘의도’를 인정한 미국 §1202 판결

1. Dolls Kill, Inc. v. Zoetop Bus. Co.(C.D. Cal. Aug 25, 2022)

(1) 사건 개요

패션 브랜드 Dolls Kill이 자사 디자인 사진에 관한 저작권관리정보(CMI)가 포함되어 있음을 주장하며, Zoetop Business가 해당 디자인 사진을 자사 웹사이트에 게시하면서 CMI를 삭제·누락했다고 주장한 사건이다.

(2) 법원의 핵심 판단 요지

DMCA §1202(b)는 단순히 CMI가 누락된 것만으로는 위반이 성립하지 않는다고 명확히 판시하면서 다음과 같이 판결하였다. "§1202(b)는 단순히 'CMI가 빠진' 행위 자체를 금지하지 않는다. 피고가 CMI를 실제로 제거·변경했는지 여부가 쟁점이며, 궁극적으로는 피고가 해당 정보를 삭제하거나 누락했다는 사실을 알고 있었는지(knowingly)와 그것이 침해를 은닉·촉진할 위험을 만든다는 사실을 알고 있었는지(intent)를 따져야 한다."

즉, 여기서 의도(intent)는 전형적으로 법원의 판단 기준으로 제시되며, 단지 누락이 아니라 어떻게 삭제/변경이 발생했고 그 목적·영향을 반영할지를 실질적으로 따졌다. 결과적으로 이 사건은 사실관계·입증 부족으로 원고 청구가 기각(또는 주장 불충분)되었지만, 법원이 의도와 인식 문제를 §1202 판단의 핵심요소로 확인한 판례로 평가된다.

2. Stevens v. CoreLogic(9th Cir.)

제9순회 항소법원은 "CMI 제거가 침해를 유도·가능·촉진 또는 은닉한다는 상당한 위험을 입증할 책임은 원고에게 있다"고 했다. 특히 CMI 프로그램이 EXIF/IPTC를 제거한다는 인식 여부가 쟁점이 됐을 때, 법원은 그 사실(software가 메타데이터를 제거한다는 점을 인식했는지 여부 자체가 중요하다고 본 점이 의도 판단의 전제가 된다. 이 판례는 "의도를 입증해야 한다"는 DMCA §1202의 필요조건을 항소법원 차원에서 명확히 했다는 점에서, 판사가 §1202 의도 요건을 실제로 논리 전개의 중심으로 다룬 대표적 예로 평가된다.

3. The Intercept Media v. OpenAI

이 사건은 아직 최종 판결이 확정되지 않은 진행 중인 소송이지만, §1202(b)(1) 주장 일부를 법원이 심리 진행 단계에서 받아들여 향후 의도 입증으로 이어질 가능성이 열려 있다. 원고는 AI 학습 과정에서 CMI 제거·변경이 있었다는 주장을 기반으로 §1202 위반을 주장했고, 일부 §1202(b)(1) 주장(즉 CMI의 고의적 삭제 여부)에 대해 법원이 심리를 진행토록 허용한 바 있다.

4. 결론

미국 DMCA §1202에서 '의도(intent) + 알고 있었음(knowingly)'이 인정된 실제 판례는 거의 존재하지 않는다. 다만 DMCA §1202 관련 'CMI 적용범위'와 관련하여 사실상 의도가 인정됐거나 판사가 의도를 문제 삼을 때 살펴보면 §1202는 단순 누락을 금하지 않는다. 법원은 "CMI가 없었다"는 사실 그 자체만으로는 위반이 아니라고 보고 피고가 해당 CMI가 무엇이고 그 정보의 제거가 침해를 가능하게 혹은 은닉할 위험을 만든다는 점을 알고 있었으며 그런 상황에서도 CMI를 고의적으로 제거·변경 또는 제거된 상태를 유지·유통했다는 것을 합리적 근거로 입증해야 한다.

한편 우리나라 저작권법 제104조의3(권리관리정보 제거·변경 금지)에 대해 '대법원에서 명시적으로 판단한 대표 판례'는 아직 거의 없다. 저작권법 제104조의3 조문 자체가 비교적 최근(2011년 6월 30일 신설) 규정되었는데 이는 DMCA §1202(1998)보다 10년 이상 늦은 것이다. 또한 디지털·AI 환경에서 본격적으로 문제가 된 것도 최근이다.

우리나라에서는 주된 청구는 권리를 중심으로 소송을 제기하는데 가장 많은 불법복제물 권리 침해는 '복제·전송권 침해'라고 할 것이다. 그래서 저작권자들은 보통 복제권 침해, 전송권 침해, 손해배상 등 104조의3은 '보조적·부가적 위법'으로 붙는 경우가 많다.

무엇보다도 형사적 적용은 까다로운데 '침해 유발 또는 은닉'이라는 주관적 요건을 검찰은 단독 적용하여 기소하기보다는 다른 침해 범죄와 함께 판단하려는 경향이 뚜렷하다. 그 결과 미국 §1202처럼 단독으로 유명해진 판례는 아직 없는데 주로 사진 저작권 사건의 경우 사진작가 A의 사진을 온라인 기사·블로그에 무단 사용함에 있어 원본 사진에는 작가명과 © 표시가 있었으나 게시 과정에서 출처·작가명을 삭제한 바 있었다. 이는 저작물에 부착된 저작자 표시 및 출처 표시는 저작권 관리 및 권리자 식별을 위한 정보로서 권리관리정보에 해당한다. 그러므로 출처·크레딧 삭제를 침해의 불리한 정황으로 평가할 수 있으며 전자적 정보가 아니어도 눈에 보이는 크레딧·출처도 RMI로 본다는 해석의 근거가 될 수 있다.

또한 방송 영상 캡션을 삭제하는 경우가 빈번한데, 방송사가 외주

영상 일부를 재편집하여 재송출하는 경우 원영상에 있던 제작사명, 저작권 표시, 재편집 과정에서 캡션을 삭제할 수 있다.

이에 대해 편집의 자유는 인정될 수 있겠으나 저작권 관리 목적의 표시 삭제는 별개의 문제라고 판단할 수 있다. 권리자 식별을 어렵게 하는 편집은 저작권 침해 판단에서 불리한 요소로 작용한다. 즉, 편집·가공의 자유는 권리관리정보 삭제의 자유를 의미하는 것은 아니므로 AI 전처리·자동화 편집 논의에 그대로 연결이 가능할 수 있을 것이다.

항상 있어왔던 불법 콘텐츠, 소프트웨어 유통 사건 다수의 전형적 구조는 불법 웹하드·스트리밍 사이트에 업로드하는 것으로서 파일명에서 저작권자가 삭제되고 워터마크가 제거되며 메타데이터를 제거하는 방식으로 이루어진다. 이 경우 제104조의3 침해는 '침해 은닉 의도'의 정황, 고의성 강화 요소로 사용될 수 있다. 즉, 피고는 단순히 파일을 올린 것이 아니라 저작권자 식별 정보를 제거하여 침해를 은닉하려 했다. 그리하여 고의 입증의 보조 논거로 기능한다. 제104조의3은 단독 범죄 조항이라기보다 고의·은닉성 판단을 강화하는 핵심 조항으로 작동하는 것이다.

우리나라 법원은 '과실' 개념과 관련하여 비록 제104조의3 자체를 정면으로 다루지는 않지만 저작권 분야 전반에서 '과실'을 매우 넓게 인정해 왔다. 특히 일반인이 아니라 저작권 침해 여부는 전문가·사업자의 경우 일반인보다 더 높은 주의의무가 요구된다. 이를 제104조의3에 적용하면 AI 기업, 플랫폼, 대규모 데이터 처리 사업자는 몰랐다는 항변이 거의 통하지 않는 구조로 해석될 가능성이 크다. 저작자·

출처 표시는 권리관리정보이므로 전자적이든 비전자적이든 상관없으며 삭제행위는 침해 은닉의 강력한 정황이다. 사업자는 '관리자 책임'을 질 수 있고 AI·자동화 맥락에서 볼 때, 비록 AI 학습과 저작권법 제104조의3을 정면으로 판단한 판례는 아직 없지만, 지금까지의 판례 흐름을 종합하면 법원은 다음과 같이 볼 가능성이 크다. AI 학습 과정에서 권리관리정보가 자동으로 삭제되었다 하더라도, 대규모·전문적 사업자가 이를 통제하지 않았다면 과실을 인정할 수 있을 것이다.

(4) 구제수단

1) 미국 법정 손해배상제도

미국에서 §1202가 '강력한 소송 도구'로 작동하는 또 하나의 이유는 구제수단 설계다. DMCA 위반(§1201 또는 §1202)에 대해 피해자는 민사소송을 제기할 수 있고(§1203(a)), 법원은 금지명령 등 다양한 구제를 명할 수 있으며, 특히 일정 요건하에 법정손해배상(statutory damages)을 선택할 수 있도록 규정되어 있다.

미국에서 DMCA §1202가 무서운 이유는 얼마의 피해가 있었는지 입증하지 않아도 법이 정해 놓은 돈을 바로 청구할 수 있기 때문이라 할 것이다. 이게 바로 법정손해배상(statutory damages)으로 미국 DMCA의 기본 구조는 저작권을 침해하는 '기술적 행위' 자체를 강하게 규제한다. 그중에서도 §1201 기술적 보호조치(DRM 등) 무력화, §1202 권리관리정보(CMI) 제거·변경을 침해하면 §1203에 따라 민사소송을 할 수 있다. §1203(a)에서 소송 가능성, DMCA를 위반당한 사람은 연방법원에 민사소송을 제기할 수 있는데 형사 고발이 없어도 정부가 안 움직여도 권리자 혼자서 바로 소송이 가능하다. 즉, §1203(b)에서 미국 법원은 ① 금지명령(Injunction)을 통해 AI 학습·배포를 금지할 수 있고 ② 실제 손해배상(Actual damages)을 명령할 수 있다.

AI 학습에서는 "얼마 손해인지" 입증이 매우 어렵기 때문에 §1203(c)에 따라 법정손해배상(Statutory Damages)을 할 수 있는데 §1202가 '강력한 소송 도구'가 되는 핵심으로서 손해를 정확히 증명하지 않아도 법이 미리 정해 둔 금액을 그대로 달라고 할 수 있는 제도이다.

그래서 권리자 입장에서는 입증 부담을 낮추고, 협상력을 높이며, 소송적 압박을 가할 수 있게 되는 것이다. §1201과 §1202는 법정 손해배상 금액이 다른데 §1201(DRM, 기술적 보호조치 우회 등)은 1건당 $200~$2,500이며, §1202(CMI 제거·변경)의 경우는 §1203(c)(3)(B)에 따라 1건당 최소 $2,500~최대 $25,000를 청구할 수 있다.

그러므로 사진 1만 장에서 각 사진에 원래 저작자명, © 표시, IPTC 정보를 AI 학습 과정에서 CMI 전부를 삭제하게 되면 법정 손해배상을 계산할 때 1장은 1 violation 위반으로 볼 수 있고, 최소 10,000장이라고 보면 10,000 × $2,500 = $25,000,000(약 340억 원)에 해당할 수 있고 최대는 10,000 × $25,000 = $250,000,000(약 3,400억 원)이라고 할 수 있다. 실제로 이 금액이 그대로 나오지 않더라도, 이 숫자 자체가 소송에서 '핵폭탄급 압박'이 될 수 있다.

그래서 권리자는 AI 기업이 얼마를 벌었는지 물을 필요도 없고 CMI 몇 개 지웠는지만 계산하겠다고 하여 손해 입증 싸움 자체를 건너뛰고 피고인 AI 기업이 고의가 없었으며, 자동 처리였다고 하더라도 위반 '개수'가 많으면 리스크가 폭증할 수 있게 되는 것이다. 그래서 대부분 초기 단계에서 합의(settlement), 라이선스 계약, 데이터 사용 제한으로 협상하여야 하는 것이다.

물론 §1202 사건에서 '최대 $25,000 × 전량'이 그대로 선고되는 경우는 드물며 그 가능성 자체가 소송을 지배하는 압박 수단으로 작동한다. 그러므로 법원은 ① 위반 성립 여부 → ② 위반 단위 → ③ 금액 산정(증액·감액)의 3단계로 접근하는데 사진·이미지 CMI 삭제 사건 등에서 미국 하급심 다수 판결에서 공통적으로 다음 구조를 반복한다. 피고가 웹사이트·플랫폼에 사진을 게시, 원본에는 © 표시, 사진가명, IPTC 정보 존재, 업로드 과정에서 CMI 삭제함에 있어 §1202(b) 위반이 인정되면 손해액 입증이 곤란한 경우 법정손해배상 선택하는 것이다. 이 경우 법원은 보통 최소 $2,500~수천 달러 수준에서 1 violation당 금액을 정하며 악의성·반복성·상업성 있으면 상향될 수 있다.

이 때문에 미국에서는 §1202(특히 (b))가 본안 침해(복제·전송)와 결합될 때 분쟁의 금전적 규모와 협상력을 급격히 확대시키는 효과가 있다.

한편 감액된 사례의 전형적 이유, 즉 법원이 $25,000에 훨씬 못 미치는 금액을 정하는 경우, 판결문에는 “willful but not egregious”, “no evidence of intent to extort or conceal on a large scale”, “statutory damages must be proportionate”와 같은 표현이 등장하는데 이는 의도는 인정되지만, 제재 목적을 넘는 ‘징벌’은 경계하는 태도라고 할 것이다. 하지만 이 감액은 재판 끝에야 이루어지며 소송 초반 협상력은 여전히 원고가 압도적이라 할 것이다.

다만 DMCA §1203(c)(3)(B)에서 “for each violation”이라는 표현에 따라 ‘violation이 무엇인지’는 판례가 만들 것이 예상된다. 다만 판례가 발전시킨 세 가지 기준에 있어 다음 중 하나 또는 복수 기준을 사용한다.

첫째, 저작물 기준(Work-based approach)이다. 즉, 사진 1장 = 1 violation과 같이 사진·일러스트 사건에서 가장 흔하며 AI 학습 사건에 가장 위험한 기준으로 AI 개발자들에게는 가장 위협이 될 수 있다. 즉, 사진 10,000장을 10,000 violations 가능성으로 보면 손해배상액이 상당해질 수 있다.

둘째, 행위 기준(Act-based approach)이다. 한 번의 업로드, 게시, 배포를 1 violation으로 보는 것으로 동일 사진 다수를 업로드하는 것이다. 이는 동일한 CMI 삭제 방식을 반복하는 것으로서 법원이 비례성을 고려할 때 채택할 수 있다.

즉, AI 기업에게 가장 유리한 해석으로 볼 수 있을 것이다.

셋째, 정책적 묶음 기준(Course-of-conduct approach)이 있을 수 있다. 하나의 사업적·기술적 결정을 한 묶음으로 볼 때 내부 정책,

동일 파이프라인, 동일 소프트웨어 설정과 같이 대규모 자동화 사건에서 법원이 폭발적 손해를 조정하기 위해 사용할 수 있을 것이다.

실제 AI 학습 사건에서 원고는 "데이터 1건 = 1 violation"이라는 주장을 펼 가능성이 높으며 피고는 "전처리 설정 1개 = 1 violation"이라고 주장할 가능성이 높다. 법원은 AI 산업 발전과 저작권 침해 가운데에서 데이터셋 단위, 배치 단위를 선택하지 않을까 고려되며 이는 사전 설계·문서화가 매우 중요해지는 지점이 아닐 수 없다.

2) 우리나라 손해배상제도

우리나라 제104조의3은 그 자체가 곧바로 '1건당 정액 법정손해배상' 구조를 갖는 조항은 아니고, 일반적인 손해배상·부당이득·금지청구 등의 체계 안에서 다뤄지게 된다.

물론 별도의 법정손해배상 제도는 한국 저작권법 체계 내에 존재하지만, §1202처럼 이 조항이 곧바로 '정액배상 레버리지'로 작동하는 구조와는 결이 다르다. 우리나라 저작권법 제104조의3은 권리관리정보를 제거하고, 이에 대한 위법을 인정하면 손해가 있었는지, 얼마나 책임질지, 어떤 구제를 할지를 따로 판단한다. 이때 손해 증명이 필요한 것이다.

제125조의2(법정손해배상의 청구) ① 저작재산권자등은 고의 또는 과실로 권리를 침해한 자에 대하여 사실심(事實審)의 변론이 종결되기 전에는 실제 손해액이나 제125조 또는 제126조에 따라 정하여지는 손해액을 갈음하여 침해된 각 저작물등마다 1천만원(영리를 목적으로 고의로 권리를 침해한 경우에는 5천만원) 이하의 범위에서 상당한 금액의 배상을 청구할 수 있다.
② 둘 이상의 저작물을 소재로 하는 편집저작물과 2차적저작물은 제1항을 적용하는 경우에는 하나의 저작물로 본다.
③ 저작재산권자등이 제1항에 따른 청구를 하기 위해서는 침해행위가 일어나기 전에 제53조부터 제55조까지의 규정(제90조 및 제98조에 따라 준용되는 경우를 포함한다)에 따라 그 저작물등이 등록되어 있어야 한다.
④ 법원은 제1항의 청구가 있는 경우에 변론의 취지와 증거조사의 결과를 고려하여 제1항의 범위에서 상당한 손해액을 인정할 수 있다.
[본조신설 2011. 12. 2.]

제126조(손해액의 인정) 법원은 손해가 발생한 사실은 인정되나 제125조의 규정에 따른 손해액을 산정하기 어려운 때에는 변론의 취지 및 증거조사의 결과를 참작하여 상당한 손해액을 인정할 수 있다.

4. WCT 제12조와 WPPT 제19조

(1) WIPO 저작권조약(WCT) 제12조

WIPO 인터넷 조약은 "전자적 RMI" 보호의 최소기준을 설정한다. 권리관리정보(RMI)에 관한 국제규범의 중심은 WIPO 저작권조약(WCT) 제12조다. WCT 제12조는 체약당사국에 대하여, "권리관리정보의 제거·변경" 및 "제거·변경된 권리관리정보가 붙은 저작물(또는 그 복제물)의 유통·공중전달"에 대해 적절하고 효과적인 법적 구제수단(adequate and effective legal remedies)을 제공하도록 요구한다. 특히 조문은 "전자적 권리관리정보(electronic rights management information)"를 대상으로 삼는다.

Article 12 – Obligations concerning Rights Management Information
제12조(권리관리정보에 관한 의무)

(1) Contracting Parties shall provide adequate and effective legal remedies against any person knowingly performing any of the following acts knowing, or with respect to civil remedies having reasonable grounds to know, that it will induce, enable, facilitate or conceal an infringement of any right covered by this Treaty or

the Berne Convention
(i) to remove or alter any electronic rights management information without authority
(ii) to distribute, import for distribution, broadcast or communicate to the public, without authority, works or copies of works knowing that electronic rights management information has been removed or altered without authority.

① 체약당사국은, 이 조약 또는 베른협약이 보호하는 권리의 침해를 유발·가능·촉진 또는 은닉할 것임을 알면서,
또는 민사적 구제에 관해서는 그러한 결과가 발생할 합리적인 근거가 있음에도,
다음 각 행위를 하는 자에 대하여 적절하고 효과적인 법적 구제수단을 제공하여야 한다.
권한 없이 전자적 권리관리정보를 제거하거나 변경하는 행위
전자적 권리관리정보가 권한 없이 제거 또는 변경되었다는 사실을 알면서,
그러한 저작물 또는 그 복제물을 배포·배포 목적 수입·방송 또는 공중전달하는 행위

(2) As used in this Article, "rights management information" means information which identifies the work, the author

of the work, the owner of any right in the work, or information about the terms and conditions of use of the work, and any numbers or codes that represent such information, when any of these items of information is attached to a copy of a work or appears in connection with the communication of a work to the public.

② 이 조에서 말하는 "권리관리정보"란 저작물, 저작물의 저작자, 저작물에 관한 권리의 소유자, 또는 저작물의 이용조건에 관한 정보를 식별하는 정보 및 그러한 정보를 나타내는 번호 또는 코드를 말하며, 이 정보가 저작물의 복제물에 부착되거나 또는 저작물이 공중에게 전달되는 것과 관련하여 표시되는 경우를 포함한다.

WIPO 인터넷 조약의 핵심상 "전자적 RMI" 보호의 최소기준을 설정할 수 있다. 권리관리정보(RMI)에 관한 국제규범의 중심은 WIPO 저작권조약(WCT) 제12조다.

WCT 12조는 직접 금지조항은 아니지만 국가에게 입법 의무를 부과하는 조항이다. "체약국은 이런 행위를 막는 법을 만들어라"라고 하면서 즉, WCT 제12조는 국내법의 '모델'이 되어주는 것이다.

WCT 제12조는 체약당사국에 대하여, "권리관리정보의 제거·변경" 및 "제거·변경된 권리관리정보가 붙은 저작물(또는 그 복제물)의 유통·공중전달"에 대해 적절하고 효과적인 법적 구제수단(adequate and effective legal remedies)을 제공하도록 요구한다. 특히 조문은 "전자적 권리관리정보(electronic rights management information)"를 대상으로 삼는다.

WCT 제12조 제2항은 RMI의 정의를 제공한다. 여기서 RMI란 (i) 저작물, 저작자, 권리자 식별 정보, (ii) 이용조건(terms and conditions of use)에 관한 정보, (iii) 그러한 정보를 나타내는 번호·코드 등을 포함하며, 이러한 정보가 저작물의 복제물에 "부착"되거나 저작물의 공중전달과 "관련하여 표시"되는 경우를 전제로 한다. 이 정의는 오늘날 EXIF/IPTC 메타데이터, 플랫폼의 크레딧 필드, 라이선스 태그, 식별코드(번호·코드) 등 다양한 형태를 포섭할 수 있도록 설계되어 있다.

(2) WIPO 실연자 음반제작자 조약(WPPT) 제19조

Article 19 – Obligations concerning Rights Management Information
제19조(권리관리정보에 관한 의무)

Contracting Parties shall provide adequate and effective legal remedies against any person knowingly performing any of the following acts knowing, or with respect to civil remedies having reasonable grounds to know, that it will induce, enable, facilitate or conceal

an infringement of any right covered by this Treaty:
(i) to remove or alter any electronic rights management information without authority;
(ii) to distribute, import for distribution, broadcast or communicate to the public, without authority, performances, copies of fixed performances or phonograms knowing that electronic rights management information has been removed or altered without authority.

체약당사국은, 이 조약이 보호하는 권리의 침해를 유발·가능·촉진 또는 은닉할 것임을 알면서, 또는 민사적 구제에 관해서는 그러한 결과가 발생할 합리적인 근거가 있음에도, 다음 각 행위를 하는 자에 대하여 적절하고 효과적인 법적 구제수단을 제공하여야 한다.

(i) 권한 없이 전자적 권리관리정보를 제거하거나 변경하는 행위
(ii) 전자적 권리관리정보가 권한 없이 제거 또는 변경되었다는 사실을 알면서, 그러한 실연, 고정된 실연의 복제물 또는 음반을 배포·배포 목적 수입·방송 또는 공중전달하는 행위

WPPT 제19조는 실연자·음반제작자 영역에서도 동일한 RMI 보호를 요구한다.

WIPO 실연·음반조약(WPPT)은 저작물(저작자) 중심의 WCT와

병행하여, 실연자 및 음반제작자 권리 분야에서 유사한 체계를 둔다. WPPT 제19조는 RMI에 관한 의무를 규정하며, WCT 제12조와 동일한 취지의 "적절하고 효과적인 구제수단" 제공을 요구한다는 점이 WIPOLEX의 조약 구조 및 합의문(agreed statement)에서 확인된다. 특히 WPPT 관련 합의문은 WCT 제12조에 관한 합의문이 WPPT 제19조에도 "mutatis mutandis(필요한 변경을 가하여)" 적용된다고 명시한다.

(3) 분석

1) 단계별 법적 해석

국제규범이 요구하는 알면서 침해를 촉진하거나 은닉한 것을 합리적 근거로 하는 WCT 제12조는 금지행위의 요건으로, 행위자가 특정 행위를 "알면서(knowingly)" 수행하고, 그 행위가 권리침해를 유발·가능·촉진·은닉할 것임을 "알거나(또는 민사구제의 경우 합리적 근거가 있는 경우)"를 전제로 한다는 구조를 취한다. 이는 DMCA §1202의 "knowingly + intent" 구조가 국제조약의 설계와 밀접히 연결되어 있음을 보여준다.

결국 조약은 '최소기준'이고, 국내법은 그보다 넓게 보호할 수 있다. 중요한 점은, WCT, WPPT가 "전자적 RMI"를 중심으로 최소기준을 제시하더라도, 체약국이 국내법에서 그보다 넓은 보호(예: 비전자적 표기까지 포함)를 택하는 것을 원칙적으로 금지하지 않는다는 것이다.

실제로 한국 제104조의3은 문언상 "전자적"을 굳이 한정하지 않고 "권리관리정보"로 규정함으로써, 국내법 차원에서 포섭 범위를 더 넓게 설계할 여지를 만들어 두었다.

AI 기술의 확산으로 대규모 데이터 수집·학습은 더 이상 예외적인 연구 활동이 아니라, 산업 전반의 기본 인프라가 되었다. 특히 이미지·영상·텍스트 기반 생성형 AI는 수백만~수십억 단위의 데이터를 자동화된 파이프라인을 통해 수집·정제·학습·배포한다. 이 과정에서 가장 빈번하면서도 구조적으로 발생하는 법적 쟁점이 바로 권리관리정보(Rights Management Information, RMI)의 제거·변경 문제이다.

국제적으로는 WIPO 저작권조약(WCT) 제12조가, 국내법으로는 한국 저작권법 제104조의3이, 미국법으로는 DMCA §1202가 각각 "권리관리정보의 무결성"을 독립적인 보호 대상으로 규정한다. 이들 규범은 공통적으로, 단순한 저작권 침해 행위(무단 복제·배포)를 넘어서, 침해를 가능하게 하거나 은닉하는 정보 환경 자체의 훼손을 규율 대상으로 삼는다.

AI 학습 파이프라인은 바로 이 지점에서 기존 저작권법의 "사각지대"를 정면으로 건드린다. 기술적 효율성과 성능 향상을 이유로 자동화된 처리 과정에서 메타데이터(EXIF, IPTC 등)와 크레딧 정보가 일괄 제거되는 경우, 이는 단순한 기술 최적화가 아니라 권리관리정보 제거 행위로 평가될 수 있으며, 그 결과 저작권 침해의 추적 가능성을 구조적으로 차단하게 된다.

AI 학습 파이프라인은 일반적으로 다음 네 단계로 구성되는데 데이터 수집 단계(Crawling/Scraping), 전처리 단계(Pre-processing), 저장·관리 단계(Storage/Dataset Curation), 배포·출력 단계(Model Deployment/Output)이다. 각 단계는 서로 다른 방식으로 제104조의3 및 DMCA §1202의 적용 가능성을 발생시킨다.

단계별 법적 해석

1. 데이터 수집 단계

(1) 기술적 실태

데이터 수집에 있어 "있는 그대로 가져오는가"의 문제는 AI 학습용 이미지·텍스트 데이터는 웹 크롤러, API, 오픈 데이터셋 등을 통해 대량 수집된다. 이 단계에서는 보통 원본 파일이 유지된 채 저장되며, EXIF/IPTC 등 메타데이터가 아직 삭제되지 않은 상태가 많다.

(2) 법적 평가

이 단계 자체는 원칙적으로 RMI 제거 행위에 해당하지 않는다. 그러나 다음과 같은 경우 위험이 발생한다.
크롤러 설정에서 no_metadata, strip_headers 옵션을 의도적으로 활성화하여 서버 저장 단계에서 메타데이터를 저장하지 않도록 설계한다. 이 경우, 한국법상 "고의로 제거"에 해당할 여지가 있으며, 미국법상으로도 "knowingly remove CMI"의 출발점이 된다.

(3) 핵심 포인트

데이터 수집 단계는 "아직 침해가 아니다"가 아니라 이후 단계의 책임 귀속을 결정하는 출발점이 된다.

2. 전처리 단계

(1) 기술적 실태

전처리 단계는 저작권에 있어 가장 위험한 단계로서 AI 학습에서 거의 필수적인 과정으로, 다음 작업이 자동으로 수행된다. 이미지 리사이징, 포맷 통일(JPEG/PNG), 노이즈 제거, 파일 경량화 등에서 메타데이터(EXIF/IPTC) 일괄 삭제 및 대부분의 오픈소스 라이브러리(OpenCV, PIL, ffmpeg 등)는 기본값(default)으로 변환하기 위해 메타데이터를 제거한다.

(2) 법적 평가

저작권법 제104조의3은 "권리관리정보를 고의로 제거·변경하거나 거짓으로 부가하는 행위"를 금지한다. 여기서 핵심은 '고의'뿐 아니라

'과실'까지 포함된다는 점이다. 즉, "자동 처리였다", "라이브러리 기본값이었다"라는 항변만으로는 면책 사유가 되지 않는다. 대규모 AI 학습을 수행하는 전문 사업자라면, 메타데이터가 권리관리정보에 해당한다는 점과, 전처리 과정에서 삭제된다는 점을 예견·통제할 주의의무가 있다고 평가될 가능성이 높다.

미국 DMCA §1202(b)는 "knowingly remove or alter CMI"를 요건으로 한다. 형식적으로는 한국보다 엄격해 보이지만, 미국 판례는 다음과 같은 논리를 취한다.

"해당 기술을 반복·대규모로 사용하는 전문 기업이라면, 메타데이터 제거 효과를 인식하지 못했다고 보기 어렵다." 따라서 전처리 단계는 한국·미국 모두에서 가장 위험도가 높은 구간이다.

3. 저장·관리 단계

(1) 기술적 실태

저장·관리 단계에서는 "훼손된 RMI의 축적" 문제가 생겨날 수 있다. 전처리를 거친 데이터는 대규모 학습용 데이터셋으로 저장·관리된다. 이때 저장되는 파일은 이미 권리관리정보가 제거된 상태다.

(2) 한국법상 쟁점

제104조의3 제1항 제2호는 "권리관리정보가 정당한 권한 없이

제거 또는 변경되었다는 사실을 알면서 그 권리관리정보를 배포하거나 배포할 목적으로 수입하는 행위"를 금지한다.
여기서 중요한 점은, '배포'의 개념이 외부 공개에만 한정되지 않는다는 것이다. 계열사 간 이전, 연구기관 공동 활용, 파트너 제공 등도 사실상 배포로 평가될 수 있다.

(3) 미국법상 쟁점

DMCA §1202(b)(3)은 "CMI가 제거된 상태임을 알면서 저작물의 사본을 배포"하는 행위를 금지한다. 학습용 데이터셋을 제3자에게 제공하거나, 공동연구 형태로 공유하는 경우 직접 적용 대상이 된다.

4. 배포·출력 단계

(1) 기술적 실태

배포, 출력단계에서는 은닉 단계를 완성시킨다. AI 모델은 학습 결과를 바탕으로 새로운 이미지·텍스트를 생성한다. 이 출력물에는 원데이터의 EXIF/IPTC 정보는 존재하지 않는다.

(2) 법적 의미

문제는 출력물 그 자체보다, 학습 과정 전체가 권리자 추적을 불가능하게 만들었다는 구조적 효과다.
권리자는 자신의 작품이 학습되었는지 입증하기 어렵다.
메타데이터가 제거되어 원본과의 연결고리가 단절된다.
이는 제104조의3 및 DMCA §1202가 말하는 침해 은닉(concealment)의 전형적 효과에 해당한다.

2) 3자 규범에 있어서 보호대상

AI 학습에 대해 수집에 있어서는 WCT보다 더 많은 범위로 전자적 뿐만 아니라 비전자적까지 규정한 우리나라이다. 그리고 전자적 RMI 기준은 CMI보다도 더 적은 전자적 개념으로 이해할 수 있을 것이므로 보호대상에서 우리나라가 보다 폭넓게 권리관리정보를 보호한다.

[표] WCT-한국-미국 3자 규범 비교

구분	WCT 제12조	한국 104조의3	DMCA §1202
보호대상	전자적 RMI	권리관리정보 (전자·비전자)	CMI
제거금지	○	○	○
허위부가	○	○	○
제거된 정보 유통	○	○	○
주관적 요건	알면서 / 합리적 근거	고의 또는 과실	knowingly + intent
보호 목적	침해 유발, 은닉 방지	침해 유발, 은닉 방지	침해유도, 촉진 은닉 방지

전자적 RMI(electronic rights management information)와 CMI(copyright management information)는 기능적으로 비슷해 보이지만, 전자적 RMI는 국제조약(예: WCT 제12조, WPPT 제19조, EU InfoSoc 제7조[5])이 쓰는 개념이고, WCT는 RMI를 "저작

5 EU 정보사회지침(InfoSoc Directive, Directive 2001/29/EC) 제7조, Article 7 - Obligations concerning rights-management information 제7조(권리관리정보에 관한 의무)
1. Member States shall provide for adequate legal protection against any person knowingly performing without authority any of the following acts:
(a) the removal or alteration of any electronic rights-management information;
(b) the distribution, import for distribution, broadcasting, communication or making available to the public of works or other subject-matter from which electronic rights-management information has been removed or altered without authority,
if such person knows or has reasonable grounds to know that, by doing so, he or she is inducing, enabling, facilitating or concealing an infringement of any copyright or any right related to copyright.
2. For the purposes of this Directive, the expression "rights-management information" means any information provided by rightholders which identifies the work or other subject-matter, the author or any other rightholder, or information about the terms and conditions of use of the work or other subject-matter, and any numbers or codes that represent such information.
① 회원국은, 정당한 권한 없이 다음 각 행위를 알면서(knowingly) 행하는 자에 대하여 적절한 법적 보호를 제공하여야 한다.
(a) 전자적 권리관리정보를 제거하거나 변경하는 행위
(b) 전자적 권리관리정보가 정당한 권한 없이 제거 또는 변경된 저작물 또는 그 밖

물·저작자·권리자·이용조건 등을 식별하는 정보와 이를 나타내는 번호, 코드"라고 정의한다.

전자적 RMI에 매우 전형적인 것들로는 ① 사진 파일의 IPTC/EXIF에 들어있는 저작자/권리자/라이선스 필드 ② 이미지에 삽입된 디지털 워터마크 ③ 콘텐츠 식별용 코드/ID(번호, 코드)(WCT가 "numbers or codes"를 명시)를 말하며 CMI의 예시로는 웹페이지/플랫폼에 표시된 작가명, 작품명, 저작권 표시, 라이선스 조건과 같이 "디지털 형태를 포함"하는 것을 말한다.

"저작물·저작자·권리자·이용조건을 식별하거나 관리하는 정보"는

의 보호대상을 배포, 배포 목적의 수입, 방송, 공중전달 또는 공중이 이용 가능하게 하는 행위로서, 그 행위자가 그러한 행위로 인하여 저작권 또는 저작인접권의 침해를 유발·가능·촉진 또는 은닉한다는 사실을 알거나 합리적으로 알 수 있었던 경우
② 이 지침에서 "권리관리정보(rights-management information)"란, 권리자(rightholders)가 제공한 정보로서 저작물 또는 그 밖의 보호대상, 그 저작자 또는 기타 권리자, 또는 해당 저작물이나 보호대상의 이용 조건에 관한 정보, 그리고 그러한 정보를 나타내는 번호 또는 코드를 말한다.
EU 정보사회지침 제7조는 WCT 제12조를 EU 차원에서 이행한 조문으로 문언·구조·요건이 거의 동일하여 차이가 거의 없다. 다만 "provided by rightholders"(권리자가 제공한 정보)라는 표현을 명시했을 뿐이다. 주관적 요건으로 knowingly 또는 knows or has reasonable grounds to know, WCT 제12조와 동일한 구조로서 우리나라 제104조의3의 "알거나 과실로 알지 못하고"의 직접적 비교 대상이라 할 수 있다. 그러므로 보호 대상은 저작물(works), 기타 보호대상(other subject-matter), 실연, 음반, 방송 등으로 WCT + WPPT를 통합적으로 반영하였다. 특히 '전자적'에 한정되어 있으며, 명시적으로 electronic rights-management information, EU 역시 전자적 RMI 중심 모델이다. 그리하여 EU InfoSoc 제7조는 WCT 제12조의 내용을 거의 그대로 옮기되, '권리자가 제공한 전자적 권리관리정보'라는 점을 명확히 한 EU식 이행 규범이다.

RMI(WCT/EU)·CMI(DMCA)로 가장 먼저 문제 될 수 있다. 카메라, 이미지 데이터에서 Artist, Copyright는 "권리자 식별 정보"의 정석으로서 자동 삭제 시 의도·과실 판단의 1순위 증거가 될 수 있다. 한편 IPTC는 '권리관리정보의 집합체'라고 봐도 무방한데, 뉴스사진·웹툰·보도이미지에서 §1202와 제104조의3 분쟁의 핵심이 될 수 있다. 그러므로 RMI/CMI와 같은 필드가 없어지면 누가 만들었는지, 어떻게 써야 하는지 모르게 된다.

[표] 카메라 이미지 메타데이터(EXIF)

EXIF 필드	의미	RMI/CMI 리스크
Artist	촬영자(저작자) 이름	● 매우 높음
Copyright	© 표시, 권리자	● 매우 높음
ImageDescription	작품 설명/출처	● 높음
UserComment	사용 조건·출처 기재 가능	● 중간
DateTimeOriginal	촬영 시점	● 보조 정황
CameraMake/Model	카메라 정보	○ 거의 없음
GPSInfo	위치 정보	○ (권리관리 목적 아님)

[표] 보도·저널리즘 메타데이터(IPTC)

IPTC 필드	의미	RMI/CMI 리스크
Creator	저작자	● 매우 높음
CopyrightNotice	저작권 고지	● 매우 높음
RightsUsageTerms	이용 조건	● 매우 높음

IPTC 필드	의미	RMI/CMI 리스크
Credit	출처/크레딧	● 높음
Source	원출처	● 중간
Caption/Abstract	설명·출처 혼합	● 중간
Keywords	태그	○ 보조

3) 라이브러리별 법적 리스크의 존재

앞서 살펴본 것과 같이 문제는 권리관리정보의 정의 그 자체가 아니다. 침해행위로 본조가 적용되어 처벌되게 되는 데에 전처리 라이브러리별 '기본 동작'에 있어 법적 리스크가 존재한다는 점이다. 즉 개발자가 아무 설정도 안 했는데 메타데이터가 사라지는 경우도 분명 존재한다.

PIL, Pillow에서 Python 이미지 처리상 기본 동작 Image.open()은 EXIF가 유지된다. 그러나 img.save("out.jpg")를 하게 되면 EXIF/IPTC는 기본적으로 삭제된다.

우리나라의 제104조의3에서는 알 수 있었는데 관리 안 함으로 보면 과실 인정 가능성이 상당히 높은 반면 미국의 제1202조는 반복·대량이면 CMI 삭제 사실을 인식했을 개연성으로서 의도 정황으로 누적 여부를 판단할 수 있다. 그래서 Pillow에 "삭제가 기본값"인 설정을 안 하면 자동 삭제되는데 이것이 구조적 리스크로 작용한다.

OpenCV(cv2)의 경우 역시 기본 동작인 이미지 로드 시 메타데이터 자체를 읽지는 않으나 저장 시 EXIF/IPTC 전부 소실할 수 있는데 "애초에 안 읽었다"는 항변이 우리나라 제104조의3에서는 과실로 인정하되 통하지 않겠으나 미국은 대규모면 인지를 추정하는 수준으로 볼 확률이 높을 것 같다. 특히 이와 같이 작동하는 AI 소프트웨어는 가장 위험한 라이브러리로 성능 중심이며 권리관리의 개념은 없었다고 보아야 할 것이다.

영상·오디오에서 ffmpeg는 기본 동작이 트랜스코딩 시 메타데이터를 기본적으로 제거한다. -map_metadata 0 옵션이 없으면 소실되는데 이러한 경우 WPPT(실연·음반)나 DMCA §1202조 위반이 바로 문제 될 수 있어 음악·영상 AI에서 가장 자주 문제 될 것으로 보인다.

[표] 라이브러리별 메타데이터처리 위험도

라이브러리	기본 메타데이터 처리	법적 위험도
Pillow	저장 시 삭제	● 높음
OpenCV	아예 무시	● 매우 높음
ffmpeg	기본 삭제	● 매우 높음

4) 권리관리정보와 개인정보

CMI는 미국 DMCA §1202(c)가 정의한 국내법 개념으로서 "저작물의 사본, 음반, 공연·전시와 관련하여(디지털 형태 포함) 전달(conveyed)되는 특정 정보들"을 CMI로 본다.

그리하여 RMI는 국제 규범의 '권리관리정보' 프레임이고 CMI는 그 프레임을 미국법이 자기 방식으로 구현한 '목록형 정의'라고 할 수 있다. 다만 "전자적" 한정이 RMI 쪽에 더 강하게 붙어 있는데 WCT 제12조 1항은 명시적으로 "electronic rights management information(전자적 RMI)"의 제거·변경 및 그 상태의 유통을 문제 삼는다. 반면 DMCA §1202(c)는 "including in digital form(디지털 형태 포함)"이라고 하여 디지털을 포함하지만, 개념 자체를 '전자적'으로만 한정하는 방식은 아니다.

그러므로 WCT는 전자적 RMI에 초점을 맞춘 "디지털 환경 전용 안전장치" 성격이 강하고, 미국 DMCA는 CMI가 디지털을 포함하되 '저작물과 함께 표시·전달되는 식별/조건 정보' 전반을 포섭하도록 설계되어 있는 것이다. 그리하여 권리관리정보를 정의하는 방식으로서 "원칙형(포괄)"과 "목록형(구체)"이라고 할 수 있는데 전자적 RMI(국제조약·EU)의 정의 방식은 (a) 무엇을 식별하는 정보인지(저작물/저작자/권리자/이용조건) (b) 번호나 코드도 포함 (c) 저작물 복제물에 붙어 있거나 공중전달과 관련해 나타나는 경우를 기준으로 포괄 정의하는 반면 CMI(DMCA)의 정의 방식은 "CMI란 이런 것들이다"라는 식으로 정보 유형을 열거하는 방식(그리고 "디지털 형태 포함")을 택하고 있다. 그래서 미국에선 "이 정보가 §1202(c) 목록에 들어가냐"가 자주 쟁점이 되고, WCT, WPPT와 유럽에선 "이 정보가 '권리관리' 목적의 식별·조건 정보냐"가 쟁점이 되기 쉬운 것으로 보인다.

다만 CMI에는 '개인정보 제외'와 같은 특이한 장치가 있다. DMCA

§1202(c)는 CMI 정의에서 "이용자에 대한 개인정보(PII)는 CMI에 포함되지 않는다"는 예외를 둔다.

CMI에서 개인정보 제외를 한 취지

"CMI에서 개인정보를 제외한다"는 것은 DMCA §1202는 '저작권 관리용 정보'만 보호하고, '이용자 개인을 식별하는 정보'는 보호 대상에서 아예 빼놓았다는 뜻이다. 즉, CMI는 '저작물 중심 정보'이고 PII는 '사람(이용자) 중심 정보'이다.

즉, PII는 CMI가 아니라고 법이 선을 그어 둔 것이다.

CMI와 PII를 구분하는 이유는 입법 취지에 따른 선택이라고 할 수 있다. 왜 이런 예외가 필요한지 살펴보면 DMCA §1202의 목적은 저작권 침해를 숨기거나 쉽게 만드는 행위를 막자는 의미로 보호대상 정보로서는 ① 누가 만들었는지 ② 누가 권리를 가지고 있는지 ③ 어떤 조건으로 이용해야 하는지라고 할 수 있다.

이는 "권리 관리"에 필요한 정보라 할 것이다.

그런데 개인정보까지 포함하면 상당히 복잡한 문제가 생길 수 있는데 만약 PII도 CMI에 포함되어서 ① 댓글 작성자의 이메일 ② 플랫폼 이용자의 ID ③ 사진을 다운로드한 사람의 IP ④ 웹사이트 방문자의 계정명과 같은 정보도 "CMI"가 되어버릴 수 있다.

이때 개인정보 보호법과 충돌할 수 있는데 그렇게 되면 ① 익명 표현의 자유 침해 ② 플랫폼의 로그 삭제 등이 DMCA 위반이 될 수 있다.

이는 GDPR(유럽 데이터 보호법)과 정면충돌할 수 있는 부분으로 저작권 관리의 문제는 이용자 개인정보 관리와 무관하다고 한 것이다. 그래서 DMCA §1202(c)는 저작권 관리 정보(CMI)에는 '이용자에 관한 개인정보'는 포함되지 않는다고 규정하였다. 이는 권리자 보호와 개인정보 보호를 분리하기 위한 장치이다.

예를 들어 CMI로 포함되는 것은 ① 사진의 작가명 ② © Getty Images ③ 라이선스 조건 ④ 저작권자 URL ⑤ 콘텐츠 ID ⑥ 워터마크 코드 등으로 저작물·권리자 중심 정보라고 할 수 있고, CMI로 볼 수 없는 것으로는 ① 이미지를 업로드한 일반 이용자 계정 ID ② 웹사이트 방문자의 쿠키 ID ③ 다운로드한 사람의 이메일 ④ 스트리밍 이용자의 사용자명 ⑤ AI 학습 데이터에 포함된 계정 로그와 같은 것을 삭제·익명화해도 §1202 위반이 되지 않는다. 그리하여 이것이 바로 "PII 제외"의 실무적 의미라 할 것이다. 다만 사진에 적힌 사람 이름이나(사진 속에 쓴 글), 사진 속 모델의 이름은 개인정보일 뿐(PII) CMI가 아님이라고 하여야 할 것이며, 사진 파일의 Artist 필드 부분은 CMI라고 하여야 할 것이다. 그래서 같은 '이름'이라도 기능에 따라 어디에 쓰여있냐에 따라 다른 법적 판단을 가져올 가능성은 존재할 것이다.

국제조약의 RMI 정의는 보통 이런 형태의 PII 제외 조항을 전면에 두지 않는다. 대신에 RMI의 목적이나 범주로 통제하는 것이다. 그리하여 "누가 제공했는지" 전제가 EU 쪽에서 더 강하다. EU InfoSoc 제7조는 RMI를 "rightholders(권리자)가 제공한 정보"라고 표현한다.

WCT는 "식별/조건 정보를 의미한다"는 구조이고, DMCA는 "저작물과 관련해 전달되는 정보"라는 구조라서, EU는 '권리자가 제공한 정보'라는 뉘앙스가 상대적으로 더 명확하므로 권리자가 아닌 자가 제공하는 정보도 이 법의 위반이 될 가능성이 존재한다.

5) AI 학습, 크롤링에 있어 침해행위

AI 학습·크롤링에서 국제조약과 우리나라, 미국의 "차이"가 실제로 의미하는 것 RMI(조약/EU) 관점에서는 AI 파이프라인이 전자적 권리관리정보를 대량으로 제거·변경하고, 그 결과 침해를 은닉 및 촉진하는 것이고 CMI(DMCA) 관점에서는 그 정보가 §1202(c)의 CMI에 해당하고, 제거, 변경 또는 제거된 상태의 배포가 있었으며, 특히 knowingly + 침해 유도·은닉 등의 의도의 연결이 입증되는 것이다.

각각 침해행위에 대한 입증은 어렵지만 구제수단이 매우 강한 미국과 같은 경우보다 무게를 두고 대응하는 것이 필요하다.

6) EU와 DMCA 규제방식의 차이

EU 정보사회지침(Directive 2001/29/EC, aka InfoSoc Directive)에 따르면 제7조(권리관리정보 의무) 위반에 대해 국가들이 반드시 마련해야 하는 처벌·구제수단은 같은 법령의 제8조(처벌과 구제수단)에 규정되어 있다.

Article 8 – Sanctions and remedies (처벌 및 구제수단)

1. Member States shall provide appropriate sanctions and remedies in respect of infringements of the rights and obligations set out in this Directive and shall take all the measures necessary to ensure that those sanctions and remedies are applied. The sanctions thus provided for shall be effective, proportionate and dissuasive.
2. Each Member State shall take the measures necessary to ensure that rightholders whose interests are affected by an infringing activity carried out on its territory can bring an action for damages and/or apply for an injunction and, where appropriate, for the seizure of infringing material as well as of devices, products or components referred to in Article 6(2).
3. Member States shall ensure that rightholders are in a position to apply for an injunction against intermediaries whose services are used by a third party to infringe a copyright or related right.

① 회원국은 이 지침에 규정된 권리 또는 의무를 침해한 경우에

대해 적절한 처벌 및 구제수단을 제공하여야 하며, 이러한 처벌 및 구제수단이 실제로 적용되도록 필요한 모든 조치를 취하여야 한다. 이때 마련되는 처벌 및 구제수단은 효과적이고, 비례적이며, 억지적(dissuasive)이어야 한다.

② 각 회원국은 자국 영토에서 침해 행위로 인해 권리가 침해된 권리자가 손해배상 청구 또는 금지명령 신청을 제기할 수 있도록 필요한 조치를 취하여야 하며, 필요한 경우에는 침해 물품 및 제6조(기술적 보호조치 관련)에서 언급된 장치·제품·구성품의 압수도 가능하도록 하여야 한다.

③ 회원국은 권리자가 제3자가 저작권 또는 저작인접권을 침해하는 데 사용한 중간자(intermediary)의 서비스에 대해 금지명령을 신청할 수 있도록 보장하여야 한다.

EU 정보사회지침 제7조는 회원국의 의무 수준을 다룰 뿐 이 지침 직접 처벌 규정은 포함하지 않고 있다. 각 회원국은 국내법을 통해 처벌하여야 하고 구제수단을 마련해야 한다. 단, 그 처벌은 효과적이고 비례적이며 억지적이어야 한다고 규정하고 있다.

제8조 제1항의 effective는 실제로 권리 침해를 막고 구제할 수 있어야 한다는 의미이고 proportionate 과도하지 않아야 하며, dissuasive 재발을 억제할 정도의 수준이어야 한다는 표현을 쓰고 있는데 처벌이 있긴 있어야 하지만, 반드시 미국 DMCA §1202처럼 정액 손해액을 규정해야만 하는 것은 아니다.

그러므로 회원국은 손해배상 청구권 보장으로 피해 권리자가 침해로 인한 손해액을 청구가 가능하고, 금지명령(injunction)으로 침해행위를 중지·금지하는 법원 명령이 있어야 하며, 압수(Seizure)를 통해 침해 물품, 장치, 구성품의 압수를 허용할 수 있도록 하여야 한다.

또한 중간자 대상 금지명령도 할 수 있는데, ISP, 플랫폼 등 중간 서비스를 통한 침해를 금지할 수 있도록 허용하는 방식이다. 그리하여 EU 법체계에서의 처벌 구조를 살펴보면 InfoSoc Directive 자체에는 형사처벌 규정이 없다. 오직 형사 처벌은 이 지침의 직접적 대상이 아니다. EU에서는 형사·민사 구제와 관련해 별도 강제집행지침(Directive 2004/48/EC)이 존재하며, 그 지침이 민사 집행수단(압수·금지명령·손해배상 등)을 구체화한다.

EU InfoSoc Directive는 제7조(권리관리정보 보호)의 위반에 대해 각 회원국이 '효과적·비례적·억지적인' 처벌 및 구제수단을 마련하도록 요구한다. 구제수단으로는 손해배상, 금지명령, 침해물 압수 등이 대표적이다. 그러므로 기업의 입장에서는 EU InfoSoc 제7조 위반이 미국 DMCA §1202(b) 위반보다 '경미하게 작동'한다고 느껴질 수도 있다.

다만 이는 행위의 위법성 자체가 가볍다는 뜻이 아니라, 제재의 '강도와 폭발력'이 다르다는 의미이다. 왜냐하면 EU InfoSoc 제7조 위반은 '규범 위반' 중심이고 미국 DMCA §1202(b) 위반은 '강력한 소송·금전 레버리지' 중심이다. 그래서 체감되는 위험도는 미국이 훨씬 크다고 평가되는 것이다. 무엇보다도 미국 §1202(b)가 더 "강력하게"

느껴지는 이유는 법정손해배상(Statutory Damages)의 유무라 할 것이다.

DMCA §1202(b) 위반은 §1203(c)에 따라 1 violation당 $2,500~$25,000이며, 실제 손해를 입증하지는 않아도 된다. 즉, "몇 개 지웠느냐"가 곧 금액이 될 수 있고, 대량 처리(크롤링·AI 학습)와 결합되면 손해액이 기하급수적으로 커질 수 있다. 한편 EU InfoSoc 제7조는 정액·건수 기반의 배상은 존재하지 않고, 손해배상·금지명령 중심이다. 그리하여 금액은 실제 손해를 전보하여야 하며, 비례성(proportionality), 억지성(dissuasiveness)을 고려해 사안별 산정하여야 하므로 폭발적인 금액 산정 구조는 아니다. 무엇보다도 "1 violation" 개념의 존재가 이를 결정하는데 미국은 "각 위반(each violation)" 개념이 명시되어 있어서 사진 1장 = 1 violation 주장이 가능하지만 EU는 그런 계산 단위 자체가 없다. 보통 행위 전체를 하나의 침해로 보게 되는 것이다.

그래서 미국은 '카운트 게임'으로 판결이 나올 확률이 높고, EU는 '사안 평가'로 판결이 나올 확률이 높다. 이것은 소송 전략에서의 압박력 차이로 귀결되는데 미국에서 원고는 전략적으로 "손해액은 나중에 계산하자. 지금은 최대치부터 이야기하자"는 방식으로 위협적인 접근이 가능하고 피고는 소송 초기부터 존폐 리스크로 전력을 다해 방어하여야 한다. 한편 EU는 원고 전략에 있어 금지명령, 시정조치, 합리적 수준에 맞춘 손해배상을 요구하기 때문에 피고는 예측 가능한 범위 내에서 협상 여지가 크므로 조정 등에 나설 확률이 크다. 이는 "EU

국가 내에서의 소프트웨어 저작권 위반은 가볍다는 뜻인가?"가 아니라 성격이 다르다는 것을 의미한다.

EU InfoSoc 제7조 위반의 실제 위험은 금지명령(injunction)으로 서비스 중단, 콘텐츠 제거, 더 나아가 중개하는 플랫폼들의 중간자(intermediary) 대상 명령으로서 플랫폼·호스팅 차단 등이 있다. 그리하여 EU 집행지침(2004/48/EC)과 결합하여 증거개시, 압수, 비용 부담 등 회원국 국내법에 따라 형사제재가 가능하다. 그래서 돈은 미국보다 덜 배상할 수 있지만 사업 운영에는 적잖은 영향을 끼칠 수 있다.

미국 DMCA §1202(b) 위반과 비교하면, EU InfoSoc 제7조 위반은 일반적으로 경미하게 작동한다. 그러나 그 의미는 위법성이 작다거나 국제 기준에 못 미친다는 것이 아니라 제재 방식이 다르다는 의미이다. 즉, 미국은 '징벌·억지형' 방식으로 대응하지만, EU는 '비례·시정형'이라는 뜻이다.

[표] AI 학습·크롤링 맥락에서의 비교

항목	미국 DMCA §1202(b)	EU InfoSoc 제7조
핵심 리스크	금전 폭탄	운영·중단 리스크
손해배상	정액·건수 기반	사안별·비례
소송 압박 시점	소장 제출 즉시	본안 심리 이후
AI 학습 적합성	매우 위험	상대적으로 완화
기업 체감	한 방에 끝	지속적 관리 부담

7) 우리나라 저작권법 제104조의3 처벌 강도

우리나라 저작권법 제104조의3의 '처벌 강도'는 EU InfoSoc 제7조보다는 다소 강하고, 미국 DMCA §1202보다는 현저히 약하다. 다만 이 말은 위법성이 가볍다는 뜻이 아니라, 제재가 작동하는 방식과 압박 포인트가 다르다는 의미이다.

먼저 제104조의3 자체가 형벌 조항은 아니지만, 이를 위반한 경우 다음과 같이 형사처벌로 연결된다.

> 제136조(벌칙) ① 다음 각 호의 어느 하나에 해당하는 자는 5년 이하의 징역 또는 5천만원 이하의 벌금에 처하거나 이를 병과(倂科)할 수 있다.
> 1. 저작재산권, 그 밖에 이 법에 따라 보호되는 재산적 권리(제93조에 따른 권리는 제외한다)를 복제, 공연, 공중송신, 전시, 배포, 대여, 2차적저작물 작성의 방법으로 침해한 자
> 2. 제129조의3제1항에 따른 법원의 명령을 정당한 이유 없이 위반한 자
>
> ② 다음 각 호의 어느 하나에 해당하는 자는 3년 이하의 징역 또는 3천만원 이하의 벌금에 처하거나 이를 병과할 수 있다.
> 1. 저작인격권 또는 실연자의 인격권을 침해하여 저작자 또는 실연자의 명예를 훼손한 자
> 2. 제53조 및 제54조(제90조 및 제98조에 따라 준용되는 경우를 포함한다)에 따른 등록을 거짓으로 한 자

3. 제93조에 따라 보호되는 데이터베이스제작자의 권리를 복제·배포·방송 또는 전송의 방법으로 침해한 자

3의2. 제103조의3제4항을 위반한 자

3의3. 업으로 또는 영리를 목적으로 제104조의2제1항 또는 제2항을 위반한 자

3의4. 업으로 또는 영리를 목적으로 제104조의3제1항을 위반한 자. 다만, 과실로 저작권 또는 이 법에 따라 보호되는 권리 침해를 유발 또는 은닉한다는 사실을 알지 못한 자는 제외한다.

3의5. 제104조의4제1호 또는 제2호에 해당하는 행위를 한 자

3의6. 제104조의5를 위반한 자

3의7. 제104조의7을 위반한 자

4. 제124조제1항에 따른 침해행위로 보는 행위를 한 자

즉, 저작권법 제136조 제2항 3의4가 적용되어 3년 이하의 징역 또는 3천만 원 이하의 벌금에 처하거나 이를 병과할 수 있다. 이때 고의 또는 과실, 침해 유발·은닉의 인식(또는 관리상 과실)이 있어야 하고 '업으로', '영리를 목적으로' 중 하나에 해당하여야 할 것이다. 그러므로 보호대상은 전자적 정보, 비전자적 정보 모두 포함되며 과실까지 포함되는 부분이 있어 형사 책임의 문턱은 낮은 편이지만 민사적 구제 방식으로는 EU와 유사하게 금지청구, 손해배상 수준에 머물 것이다.

제125조(손해배상의 청구) ① 저작재산권 그 밖에 이 법에 따라 보호되는 권리(저작인격권 및 실연자의 인격권은 제외한다)를 가진 자(이하 "저작재산권자등"이라 한다)가 고의 또는 과실로 권리를 침해한 자에 대하여 그 침해행위에 의하여 자기가 받은 손해의 배상을 청구하는 경우에 그 권리를 침해한 자가 그 침해행위에 의하여 이익을 받은 때에는 그 이익의 액을 저작재산권자등이 받은 손해의 액으로 추정한다.
② 저작재산권자등이 고의 또는 과실로 그 권리를 침해한 자에게 그 침해행위로 자기가 받은 손해의 배상을 청구하는 경우에 그 권리의 행사로 일반적으로 받을 수 있는 금액에 상응하는 액을 저작재산권자등이 받은 손해의 액으로 하여 그 손해배상을 청구할 수 있다.
③ 제2항에도 불구하고 저작재산권자등이 받은 손해의 액이 제2항에 따른 금액을 초과하는 경우에는 그 초과액에 대해서도 손해배상을 청구할 수 있다.
④ 등록되어 있는 저작권, 배타적발행권(제88조 및 제96조에 따라 준용되는 경우를 포함한다), 출판권, 저작인접권 또는 데이터베이스제작자의 권리를 침해한 자는 그 침해행위에 과실이 있는 것으로 추정한다.

제125조의2(법정손해배상의 청구) ① 저작재산권자등은 고의 또는 과실로 권리를 침해한 자에 대하여 사실심(事實審)의 변론이 종결되기 전에는 실제 손해액이나 제125조 또는 제126조에 따라

정하여지는 손해액을 갈음하여 침해된 각 저작물등마다 1천만원(영리를 목적으로 고의로 권리를 침해한 경우에는 5천만원) 이하의 범위에서 상당한 금액의 배상을 청구할 수 있다.
② 둘 이상의 저작물을 소재로 하는 편집저작물과 2차적저작물은 제1항을 적용하는 경우에는 하나의 저작물로 본다.
③ 저작재산권자등이 제1항에 따른 청구를 하기 위해서는 침해행위가 일어나기 전에 제53조부터 제55조까지의 규정(제90조 및 제98조에 따라 준용되는 경우를 포함한다)에 따라 그 저작물등이 등록되어 있어야 한다.
④ 법원은 제1항의 청구가 있는 경우에 변론의 취지와 증거조사의 결과를 고려하여 제1항의 범위에서 상당한 손해액을 인정할 수 있다.
[본조신설 2011. 12. 2.]

제126조(손해액의 인정) 법원은 손해가 발생한 사실은 인정되나 제125조의 규정에 따른 손해액을 산정하기 어려운 때에는 변론의 취지 및 증거조사의 결과를 참작하여 상당한 손해액을 인정할 수 있다.

비록 우리나라도 제125조의2 제1항에 따라 미국과 같은 법정손해배상 제도가 있어 비영리 1천만 원, 영리 5천만 원이라는 규정이 존재하나 이는 건수를 기준으로 하는 것도 아니고 정액제도 아니며 판사의 재량에 달려 있고 실무상 영리적인 경우도 수백만 원 수준에 있는 것이 일반적이다.

8) 전자적 RMI와 CMI에 따른 방어방법

전자적 RMI는 국제규범의 '디지털 권리관리 정보' 개념(포괄·원칙형)이고, CMI는 미국 DMCA가 그 개념을 '목록형 정의 + 강한 소송·손해배상 도구'로 구현한 것이라고 볼 수 있다.

그래서 AI 소프트웨어 개발자가 글로벌 기준을 맞추려면 RMI/CMI 유지하는 로그를 설계하여야 하는데 미국의 '의도'와 한국 '과실'을 동시에 방어하기 위해서는 우리는 지우려 하지 않았고, 지워질 수 있음을 인식하고 관리했다는 것을 입증하여야 한다.

즉, 필수 설계 원칙(3단)으로서 ① 유지 가능성 확보(Preservation-by-design)가 필요한데 최소한 메타데이터로서 삭제 금지 기본값을 주었다는 입증이 필요하며 불가피하면 분리 저장하였고 해시 연계를 하였다는 것을 설명하여야 한다. 핵심은 "유지 불가능"이 아니라 "유지 시도와 대안 설계"를 하고자 하였다는 것이다. 다음으로 ② 의사결정 로그(Decision Log)에 있어 미국 §1202 방어를 하기 위해서 반드시 남길 것은 왜 이 라이브러리를 썼는지, 어떤 옵션을 검토했는지, 왜 메타데이터를 유지했는지 아니면 비유지했는지 그 이유가 타당하여야 한다. 이는 저작권 침해 의도가 없었다는 침해의도 부정의 1차 증거가 된다. ③ 기술 로그(Technical Log)에 있어 파일 단위로 메타데이터가 존재했는지 여부, 전처리 전과 후의 상태, 배치 단위에 있어 처리 수량과 실패·누락 비율 등을 남겨두어야 한다.

우리나라 저작권법 제104조의3에서는 주의의무를 다했다는 증거로 이것이 활용될 것이고, 비록 전자적, 비전자적 정보까지 우리 법의 보호대상은 넓지만 이러한 것들을 잘 정리했다면 AI 소프트웨어 개발자와 그 기업은 본조의 적용을 피해갈 수 있을 것이다. 결국 RMI, CMI 리스크는 '지웠느냐'보다 '지워질 걸 알면서 관리했느냐'에서 갈리게 될 것이기 때문이다.

[표] 우리나라와 미국에서 권리관리정보 침해 방어 목록

미국(§1202) 방어	한국(제104조의3) 방어
□ CMI 정의 인식 문서 □ 자동 삭제 기본값 비활성화 □ 대안 검토 기록 □ 침해 은닉 목적 부정 로그	□ 메타데이터 관리 책임자 □ 점검 프로세스 □ 라이브러리 동작 인지 □ 사전 예방 조치 기록

9) 실제 사례

Stable Diffusion 유형 이미지 학습과 같은 경우 웹 이미지 수집 이후 EXIF/IPTC 제거한 뒤 모델 학습으로 이루어진다. 이 경우 WCT 12조상 전자적 RMI 제거는 조약 취지 위반한 것이며 우리나라는 일단 성립에 있어서는 과실만으로도 제104조의3이 성립하기 때문에 관리부주의가 인정될 것으로 예상된다.

무엇보다도 미국은 §1202(b) 위반으로 법정손해배상 위험을 가지게 될 것이다.

뉴스 사진 학습 유형의 경우 언론사 사진에서 © 통신사·기자 크레딧 제거하는 부분에 있어 비전자적 RMI까지 포함되는 우리나라 저작

권법 제104조의3에서는 일단 저작권법 침해로 볼 것이다. 미국에서도 IPTC 삭제는 CMI 제거로 인정될 가능성 크다.

웹툰 이미지 학습의 경우 그 행위가 컷 분리 과정에서 작가명·플랫폼 표기를 제거하므로 법적 평가상 권리자 식별 정보 제거하는 것은 침해·은닉 효과가 있으므로 제104조의3 제1항 제1·3호 동시 문제가 가능할 것으로 보인다. 그러므로 AI 소프트웨어 개발자에게 AI 학습에서의 RMI 제거 문제는 "저작권 침해 여부" 이전의 문제다. 이는 침해를 가능하게 만드는 정보 환경을 훼손하는 행위로서, 독립적인 규율 대상이 될 수 있다.

한편 저작권법 제104조의3은 국제규범(WCT)보다 더 넓은 보호범위(비전자적 포함, 과실 책임)를 채택하고 있어, 국내 AI 기업·연구기관에 특히 엄격하게 작용할 수 있다. 미국 DMCA §1202는 법정손해배상 구조로 인해, AI 기업의 글로벌 리스크 관리에서 가장 위험한 조항 중 하나로 기능한다.

결론적으로, AI 학습·크롤링 파이프라인에서 EXIF/IPTC 자동 삭제를 '기술적 사소한 처리'로 인식하는 관행은 더 이상 유지되기 어렵다. 향후 AI 정책·입법·컴플라이언스는 "무엇을 학습했는가"뿐 아니라, "어떤 정보가 제거되었는가"를 중심으로 재구성될 필요가 있게 된다.

그러므로 CMI/RMI를 지우지 않거나, 지워질 경우 '대체·분리·로그'로 관리하는 것이 좋으며, 기술 설계 5대 요소는 다음과 같다. ① 보존 우선 원칙, EXIF/IPTC/워터마크 기본으로 유지한다. ② 분리 저장 원칙, 학습 텐서와 권리 메타데이터 레지스트리 분리한다. ③ 대체표시, 출력물에 출처·권리 고지를 링크한다. ④ 결정 로그 원칙, 왜 유지/분리했는지 문서화(미국 '의도' 방어)한다. ⑤ 점검 루프 원칙 배치별 샘플링 점검(우리나라의 '과실' 방어)한다.

또한 관리자는 운영상으로 계약법적 문제가 없도록 옵트아웃, 라이선스 파이프를 두어 권리자 요구 즉시 반영할 수 있는 유보 조항을 두고, 중간자 안전장치로서 클라우드·플랫폼과 협력하여 저작권과 개인정보를 보호하고 있음을 알리며, 지역상 가장 큰 배상을 해야 하는 미국에의 노출을 최소화할 필요가 있다.

V

EU AI Act의 훈련데이터 투명성·저작권 세이프가드

1. 훈련데이터 투명성과 책임성

(1) 문제의 제기

훈련데이터 투명성과 책임성 문제의 핵심은 AI 분쟁이 왜 '결과'가 아니라 '과정'에서 발생하는지를 잘 들여다보아야 한다.

최근 AI 관련 저작권 분쟁은 전통적인 침해 분쟁과 본질적으로 다르다. 문제의 핵심은 더 이상 "어떤 결과물이 기존 저작물을 침해했는가"에 국한되지 않고, AI가 어떤 데이터로, 어떤 절차를 거쳐 학습되었는지 과정의 정당성으로 이동하고 있다. 생성형 AI가 대규모 자동화 파이프라인을 통해 훈련되는 이상, 개별 결과물에 대한 사후 판단만으로는 권리 침해의 위험을 충분히 통제할 수 없다는 인식이 확산되고 있는 것이다.

이러한 맥락에서 EU AI Act, 미국 DMCA, 그리고 ISO를 중심으로 한 국제 표준들은 공통적으로 투명성(transparency)과 책임성(accountability)을 핵심 규범으로 제시한다. 이 규범들은 AI 기업에게 특정 결과를 금지하기보다는, 사전에 분쟁을 예방할 수 있는 구조적 관리 모델을 요구한다는 점에서 주목할 만하다. AI 기술, 특히 생성형 AI와 대규모 학습 모델은 기존 규제 방식의 한계를 드러냈다. 전통적 법제는 "침해 결과"를 중심으로 책임을 묻는 데 익숙했으나, AI는 어떤 데이터로 어떻게 학습되었는지가 결과 못지않게 중요하다. 이로 인해 국제 규범은 공통적으로 결과 이전 단계의 관리·설명·추적 가능성을 요구하게 되었고, 그 핵심 개념으로 투명성과 책임성이 부상하였다.

다만 EU AI Act·미국 DMCA·ISO(국제표준) 세 규범은 동일한 단어를 사용하면서도, 각기 다른 법문화에 따라 그 의미를 달리 구성한다.

(2) EU AI Act

1) 투명성

EU AI Act에서 투명성(transparency)이란, AI 시스템의 개발·훈련·운영 방식이 법적·사회적으로 설명 가능하도록 공개 또는 문서화되는 상태를 의미한다. 이는 "모든 것을 공개하라"는 의미가 아니라,

권리자·감독기관·이해관계자가 합리적으로 검증할 수 있을 정도의 정보 제공을 요구하는 개념이다. 관련 조문은 EU AI Act Article 53이다.

Article 53 Obligations for providers of general-purpose AI models

Article 53(1)(d) Providers of general-purpose AI models shall draw up and make publicly available a sufficiently detailed summary of the content used for training the model.
범용 인공지능(GPAI) 모델의 제공자는 해당 모델의 학습에 사용된 콘텐츠에 관하여 충분히 상세한 요약을 작성하고, 이를 공개하여야 한다.

제53조는 EU AI Act에서 범용 AI 모델(GPAI) 제공자에게 부과되는 핵심 공통 의무를 규정한 조문이다. 그중 (d)호가 바로 훈련데이터 투명성, 저작권·TDM 분쟁 예방을 위한 핵심 규정으로 이 조항은 개별 데이터셋 공개를 요구하지 않지만 저작권자·감독기관·사회가 검증할 수 있을 수준의 '요약' 공개를 요구하는 규정이다. EU AI Act는 제53조 제1항 (d)호를 통해, 범용 인공지능 모델 제공자에게 학습에 사용된 콘텐츠에 관한 '충분히 상세한 요약'을 공개할 의무를 부과함으로써, AI 학습 단계에서의 투명성과 저작권 분쟁 예방을 제도적으로 결합하고 있다.

[표] 투명성 관련 EU 규정

조문	역할
제52조	투명성 의무(사용자 고지 등)
제53조	GPAI 제공자의 일반 의무
제55조	시스템 리스크가 있는 GPAI
InfoSoc/DSM Directive	저작권·TDM 예외 연계

그러므로 개별 데이터셋 공개 의무는 없지만 출처 범주·유형·성격을 설명할 책임은 존재하며 저작권 세이프가드와의 결합에 있어 EU 저작권법(InfoSoc·DSM Directive)과의 정합성을 전제로 하며, 합법적 접근(legal access), TDM(Text and Data Mining) 예외, 권리자의 opt-out이 학습 단계에서 실질적으로 존중되었는지를 관리·설명할 책임을 요구한다. 즉, EU식 투명성은 '사전 예방형'이다.

EU AI Act가 전제로 삼고 있는 EU 저작권법 체계란 무엇인가

이는 InfoSoc Directive(2001/29/EC), DSM Directive (2019/790/EU)를 말하는 것으로 ① 합법적 접근(legal access), ② TDM(Text and Data Mining) 예외, ③ 권리자의 opt-out 원칙을 말한다. InfoSoc Directive는 저작권의 기본적 배타권 구조를 확립하는 법으로 AI 학습과 직접적으로 TDM을 허용하지는 않지만, "합법적 접근"의 전제를 형성한다. 즉, 권리는 강하게, 예외는 제한적으로 규정하는 것이 특징이다.

① 합법적 접근 원칙
InfoSoc Directive(2001/29/EC)
Article 2 - Reproduction right(복제권)
Member States shall provide for the exclusive right to authorise or prohibit direct or indirect, temporary or permanent reproduction by any means and in any form, in whole or in part:
(a) for authors, of their works;

제2조(복제권)
회원국은 저작자에게, 그 저작물의 전부 또는 일부에 대하여 직접적 또는 간접적, 일시적 또는 영구적인 복제를 어떠한 방법이나 형식으로든 허락하거나 금지할 수 있는 배타적 권리를 부여하여야 한다. 이 규정은 AI 학습을 위한 복제 자체는 원칙적으로 권리자 허락 필요하며 DSM Directive의 TDM 예외는 이 강한 원칙에 대한 '특별 예외'임을 규정한다. Article 5 - Exceptions and limitations(예외와 제한) 규정이 존재하는데 InfoSoc는 예외를 열거형·엄격 해석으로 규정한다. AI 학습 일반에는 예외가 존재하지 않으며, TDM은 InfoSoc 단계에서는 명문 규정 없다. 결국 이것이 DSM Directive 제정 배경이 된다.

② TDM과 opt-out 원칙

DSM Directive(2019/790/EU)는 AI 학습의 핵심의 법적 기반으로 DSM Directive는 AI·빅데이터 시대를 전제로 InfoSoc를 보완한다.

Article 3 - TDM 예외(연구 목적, opt-out 불가)

Article 3

Text and data mining for the purposes of scientific research

Article 3(1)

Member States shall provide for an exception to the rights provided for in Articles 2 and 3 of Directive 2001/29/EC and Article 5(a) and (b) of Directive 96/9/EC,

in order to allow text and data mining of works or other subject matter to which they have lawful access,
for the purposes of scientific research.

Article 3(2)
Copies of works or other subject matter made in compliance with paragraph 1 may be retained for the purposes of scientific research, including for the verification of research results.

제3조(과학적 연구 목적의 텍스트 및 데이터 마이닝)
① 회원국은 InfoSoc Directive 제2조 및 제3조 등에 따른 권리에 대한 예외를 규정하여, 합법적으로 접근할 수 있는 저작물 또는 기타 보호대상에 대하여 과학적 연구 목적의 텍스트 및 데이터 마이닝을 허용하여야 한다.
② 제1항에 따라 작성된 복제물은 연구 결과 검증을 포함한 과학적 연구 목적을 위하여 보존될 수 있다.

이 규정은 합법적 접근(legal access)을 전제한 가운데 연구 목적, 권리자의 opt-out 불가와 같은 내용을 명확히 한 규정이다. 대학·공공연구기관 AI 학습의 법적 기반이 된 규정으로 인정받고 있다.

Article 4 - TDM 예외 (상업 포함, opt-out 가능)

Article 4 Text and data mining for any purpose

Article 4(1)
Member States shall provide for an exception or limitation to the rights provided for in Articles 2 and 3 of Directive 2001/29/EC and Article 5(a) and (b) of Directive 96/9/EC to allow text and data mining of works or other subject matter to which they have lawful access, for any purpose.
Article 4(3)
The exception or limitation provided for in paragraph 1 shall not apply to works or other subject matter where the rightholders have expressly reserved their rights in an appropriate manner, such as machine-readable means in the case of content made publicly available online.

제4조(모든 목적을 위한 텍스트 및 데이터 마이닝)
① 회원국은 InfoSoc Directive 제2조 및 제3조 등에 대한 예외 또는 제한을 규정하여, 합법적으로 접근할 수 있는 저작물 또는 기타 보호대상에 대하여 목적의 제한 없이 텍스트 및 데이터 마이닝을 허용할 수 있다.

③ 다만, 권리자가 적절한 방식으로 권리를 명시적으로 유보(opt-out)한 경우,
제1항의 예외 또는 제한은 적용되지 아니한다. (온라인 공개 콘텐츠의 경우, 기계 판독 가능한 방식으로 권리 유보가 가능하다.)

이 규정은 불법적 크롤링을 금지하지만 어떤 목적이라도 합법적 접근하여 제작한 것이라며 가능하다. 즉, 상업적 AI를 위한 학습을 가능하게 만든 것이며, opt-out규정으로 권리자 거부가 가능하다. 예를 들어 machine-readable, robots.txt, metadata, TDM reservation 등을 존중하여야 하며 EU AI Act의 '저작권 세이프가드'는 바로 이 조항을 전제로 한 것이라 할 수 있다.

DSM Directive Recital 14
Recital 14 of Directive (EU) 2019/790
Where a beneficiary of this Directive is required to have lawful access to a work or other subject-matter in order to benefit from an exception or limitation,
lawful access should be understood as covering at least access to content pursuant to an open access policy,
or through contractual arrangements between rightholders and research organisations or cultural heritage institutions, such as subscriptions,
or through other lawful means, such as content that is

freely available online.

(EU) 2019/790 지침 Recital 14
이 지침의 수혜자가 예외 또는 제한의 적용을 받기 위해서는 저작물 또는 기타 보호대상에 대해 합법적으로 접근할 수 있어야 하며, 여기서 '합법적 접근'은 적어도 다음의 경우를 포함하는 것으로 이해되어야 한다.
- 저작권자가 정한 오픈 액세스 정책에 따른 접근
- 권리자와 연구기관 또는 문화유산 기관 간의 계약적 약정(예: 구독)에 따른 접근
- 또는 온라인에 자유롭게 공개된 콘텐츠와 같이 기타 법적 수단에 의한 접근

합법적 접근이란, 공개 접근 정책, 구독, 라이선스 등 적법한 수단에 기초한 접근을 의미한다. "인터넷에 공개돼 있다"는 자체가 합법적 접근을 의미하는 것은 아니며 약관 위반 크롤링은 제외 가능하여야 한다. 그러므로 EU AI Act는 새로운 저작권 예외를 만들지 않는데 TDM 예외를 사용했다면, 그 요건(legal access, opt-out 존중)을 설명 가능하도록 관리하라는 것이다. 그래서 DSM Directive는 저작권에 있어서 "무엇이 합법인가"를 규정한다면 EU AI Act는 "합법임을 어떻게 입증할 것인가"에 대한 내용이다. EU AI Act가 요구하는 훈련데이터 투명성과 저작권 세이프가드는 독자적인 저작권 규범을 창설하는 것이 아니라, InfoSoc

Directive와 DSM Directive가 확립한 저작권 체계를 전제로 한다. 특히 DSM Directive 제3조 및 제4조는 합법적 접근(legal access)을 전제로 한 텍스트 및 데이터 마이닝(TDM) 예외를 규정하고 있으며, 제4조 제3항을 통해 권리자의 명시적 권리 유보(opt-out)를 허용한다. EU AI Act는 이러한 저작권법적 요건이 AI 학습 단계에서 실제로 준수되었는지를 설명·입증할 책임을 AI 제공자에게 부과함으로써, AI 규제와 저작권 보호를 절차적·관리적 차원에서 결합하고 있다.

2) 책임성

EU AI Act에서의 책임성(accountability)이란, AI 제공자·배포자가 규제 의무의 이행 여부를 입증하고, 위반 시 시정 조치를 취할 책임을 부담하는 구조를 의미한다. 이는 결과 책임보다는 관리 책임에 가깝다.

그리하여 EU AI Act에서 책임성이란, AI 제공자·배포자가 ① 위험을 사전에 관리하고, ② 그 이행 사실을 문서로 입증하며, ③ 문제가 발생하면 시정·중단·보고할 책임을 지는 구조를 의미한다. 훈련데이터 요약 작성, 리스크 관리 문서화, 감독기관 요청 시 자료 제출, 위반 시 시정명령·서비스 제한 등 설명할 수 없으면 책임을 진다는 구조이다.

Article 9 – Risk management system 제9조 (위험 관리 체계)

Article 9(1)
High-risk AI systems shall be designed and developed on the basis of a risk management system.
Article 9(2)
The risk management system shall be a continuous iterative process planned and run throughout the entire lifecycle of a high-risk AI system.

① 고위험 인공지능 시스템은 위험 관리 체계에 기초하여 설계·개발되어야 한다.
② 위험 관리 체계는 인공지능 시스템의 전체 생명주기에 걸쳐 지속적·반복적으로 운영되는 과정이어야 한다.

Article 11 – Technical documentation(기술 문서)

Article 11(1)
The technical documentation shall be drawn up before the high-risk AI system is placed on the market and shall be kept up-to-date.

제11조 ① 고위험 인공지능 시스템에 관한 기술 문서는 시장에 출시되기 전에 작성되어야 하며, 항상 최신 상태로 유지되어야 한다.

Article 12 – Record-keeping(기록 유지)

Article 12
High-risk AI systems shall be designed and developed with capabilities enabling the automatic recording of events ("logs") while the system is operating.

제12조 고위험 인공지능 시스템은 운영 중 발생하는 사건을 자동으로 기록할 수 있는 기능(로그)을 갖추도록 설계·개발되어야 한다.

Article 17 – Quality management system (품질 관리체계)

Article 17(1)
Providers of high-risk AI systems shall put in place a quality management system.

제17조(1) 고위험 인공지능 시스템의 제공자는 품질 관리 체계를 구축하여야 한다.

Article 61 – Post-market monitoring (시장 출시 후 모니터링)

Article 61(1)
Providers shall establish and document a post-market monitoring system.

제61조(1) 제공자는 시장 출시 이후의 모니터링 체계를 구축하고 문서화하여야 한다.

Article 72 – Penalties(벌칙)

Article 72(1)
Member States shall lay down the rules on penalties applicable to infringements of this Regulation and shall ensure that they are effective, proportionate and dissuasive.

제72조(1) 회원국은 이 규정을 위반한 경우에 적용되는 제재에 관한 규칙을 마련하여야 하며, 그 제재는 효과적이고, 비례적이며, 억지적이어야 한다.

DSM Directive (Directive (EU) 2019/790, Preamble) Recital 18

Recital 18
Copies of works or other subject matter made in compliance with the exception provided for in this Directive should be stored with an appropriate level of security and may be retained for the purposes of scientific research, including for the verification of research results.
Rightholders should be allowed to apply measures to ensure the security and integrity of the networks and databases where the works or other subject matter are hosted.
Such measures should not go beyond what is necessary to achieve those objectives.

이 지침에 따른 예외에 부합하여 작성된 저작물 또는 기타 보호대상의 복제물은, 적절한 수준의 보안을 갖춘 상태로 보관되어야 하며, 연구 결과의 검증을 포함한 과학적 연구 목적을 위해 보존될 수 있다. 권리자는 저작물 또는 기타 보호대상이 호스팅되는 네트워크 및 데이터베이스의 보안과 무결성을 보장하기 위한 조치를 취할 수 있어야 한다.

다만, 이러한 조치는 그 목적을 달성하는 데 필요한 범위를 초과해서는 아니 된다.

Recital 18은 TDM 과정에서 만들어진 복제물의 취급, 보관 가능성(keep copies)
보안 수준(security), 권리자의 기술적 보호조치 허용 범위 즉, "합법적으로 TDM을 하더라도, 그 과정에서 생성된 데이터는 안전하게 관리되어야 하며 권리자의 정당한 보안 조치는 존중되어야 한다"는 취지이다.

(3) 미국 DMCA, AI 규범 등

미국 법제에서 '투명성(transparency)'과 '책임성(accountability)'이 어떻게 정의·구현되고 있는지를, DMCA(저작권 중심 법제)와 AI 관련 연방 규범(법률·행정명령·표준을 포함한 규범) 등을 살펴보면 아래와 같다.

1) 미국 DMCA에 나타난 투명성과 책임성

DMCA의 기본 관점은 "투명성은 추적 가능성, 책임성은 제재 가능성"을 말하는 것으로 보인다.

미국 DMCA(Digital Millennium Copyright Act)는 EU AI

Act처럼 사전적 공개를 요구하지 않는다. 대신 저작권 침해가 은닉되지 않도록 '추적 가능성'을 유지하는 것을 투명성의 핵심으로 본다. 이 구조에서 책임성은 위반 시 강력한 민사 제재를 통해 담보된다.

투명성의 핵심 조문은 DMCA §1202(Copyright Management Information)라 할 것이다.

17 U.S.C. §1202(b)

No person shall, without the authority of the copyright owner or the law—
(1) intentionally remove or alter any copyright management information,
or
(3) distribute, import for distribution, or publicly perform works, knowing that copyright management information has been removed or altered,
knowing, or having reasonable grounds to know, that it will induce, enable, facilitate, or conceal an infringement.

누구든지 저작권자 또는 법률의 권한 없이, 고의로 저작권관리정보(CMI)를 제거하거나 변경해서는 아니 되며, 또한 저작권관리정보가 제거·변경되었음을 알면서 그 저작물을 배포·공연하는 행위를 해서는 아니 된다.
특히 그러한 행위가 저작권 침해를 유발·가능·촉진 또는 은닉할 것임을 알거나 알 수 있었던 경우에는 금지된다.

이 조항에서 말하는 투명성은 정보 공개가 아니라, 저작물의 출처·권리자·이용조건을 계속 추적할 수 있는 상태를 유지하는 것을 뜻한다. AI 학습 맥락에서는 EXIF/IPTC, 워터마크, 식별자 등을 제거하지 말라는 요구로 작동하는 셈이다.

다음으로 책임성의 핵심 조문 DMCA §1203(Civil remedies)이다.

17 U.S.C. §1203(c)(3)

The court may award statutory damages for each violation of section 1202 in the sum of not less than $2,500 or more than $25,000 per violation.

법원은 제1202조 위반에 대하여 위반 1건당 최소 2,500달러에서 최대 25,000달러의 법정손해배상을 명할 수 있다.

지식재산의 두터운 보호, 부자와 자본주의, 투자자의 나라 미국의 책임성은 역시 민사 법정 손해배상에 있다. DMCA의 책임성은 사후적·징벌적(accountability by deterrence)이다. AI 기업이 학습 과정에서 CMI를 대량으로 제거하면, 개별 데이터 단위마다 책임이 누적될 수 있다. 따라서 미국식 책임성은 "관리 실패에 대한 금전적 책임"으로 구현되는 셈이다.

2) 미국 AI 관련 규범에 나타난 투명성과 책임성

미국에는 EU AI Act와 같은 단일 AI 일반법은 존재하지 않는다. 대신 다음의 결합된 규범 체계가 투명성과 책임성을 형성한다. 대통령 행정명령(Executive Order), 연방기관 가이드라인, 기술 표준(NIST), 분야별 소비자보호·차별금지 등과 같은 법률에서 투명성과 책임성의무가 드러난다.

투명성 관련 대표적 규범

대통령 행정명령 EO 14110 (2023)

Developers of AI systems should provide transparency regarding the training data, model capabilities, and limitations, particularly for high-risk uses. (일부 발췌)

AI 시스템 개발자는, 특히 고위험 용도에 대하여, 훈련 데이터의 성격, 모델의 능력과 한계에 관한 투명성을 제공해야 한다.

AI 사용 사실과 위험을 '알릴 의무'를 규정한 대통령 행정명령 EO 14110은 법률상 직접적 제재 조항은 아니지만, 미국 정부가 AI 투명성을 '정책적 의무'로 명시한 대표적 문헌으로 DMCA와 달리 사전 설명·고지 중심의 투명성 개념이 등장한다.

책임성 관련 대표적 규범

NIST AI Risk Management Framework (AI RMF)
Accountability refers to the ability to assign responsibility for AI outcomes, including governance, oversight, and remediation.

책임성이란, AI의 결과와 위험에 대해 책임 주체를 특정하고, 거버넌스·감독·시정 조치를 통해 관리할 수 있는 능력을 의미한다.

미국에서 책임성은 위험 관리와 입증 책임을 말하는데 NIST AI RMF는 법률은 아니지만, 연방 조달과 규제기관 판단에 가장 큰 영향을 주는 유권해석을 제시하며 민사소송에서의 주의의무 기준으로 활용된다. 여기서 책임성은 조직적 관리·문서화·감사 가능성으로 이해된다. AI 관련 책임성의 법적 귀결은 결국 기존 법률과의 결합을 통해 미국에서는 AI 자체를 처벌하기보다, AI로 인한 결과를 기존 법률에 귀속시키는 방식을 꾀하고 있다.

현재로서는 소비자 보호법(FTC Act)에 있어 기만, 불공정 행위로 제재가 가능하며 차별금지법(Civil Rights Act)과 같은 규정으로 알고리즘 차별 규정으로 다룰 수 있을 것이다. 더 나아가 제품책임법으로서 결함 있는 AI 시스템으로 논리를 제시하는 것도 좋을 것이다. 이때 투명성이 부족하면 '기만' 또는 '과실'의 증거로 작동하고, 책임성은 사후 손해배상·시정명령으로 구현된다.

그러므로 미국식 투명성과 책임성의 구조적 특징은 DMCA에서는 투명성이 권리 추적 정보(CMI) 유지를 의미, 책임성은 정액·건수 기반 민사 제재를 말하며, AI 관련 규범(EO·NIST)은 투명성의 의미를 설명·고지·위험 공개의무, 책임성은 거버넌스·관리·입증 책임을 말한다. 즉, 미국은 투명하지 않으면 나중에 책임을 크게 진다는 구조를 통해 AI 규제를 실현하고 있다.

미국 법제에서 투명성과 책임성은 사전적 규제보다는 사후적 책임 귀속을 중심으로 구성된다. DMCA는 저작권 관리 정보의 유지라는 간접적 방식으로 투명성을 확보하고, 강력한 법정손해배상 제도를 통해 책임성을 담보한다. 한편 AI 관련 규범에서는 행정명령과 NIST 표준을 통해 훈련 데이터와 위험에 대한 설명 가능성을 요구하며, 그 이행 여부는 기존 소비자보호·차별금지·제품책임 법제를 통해 평가된다. 이러한 구조는 미국식 AI 규제가 '사전 허가'가 아니라 '사후 책임'에 의해 작동함을 보여준다.

[표] 미국과 EU의 AI 투명성, 책임성 규범 비교표

구분	EU AI Act	미국 DMCA	미국 AI 규범 (EO·NIST 등)
규범 성격	AI 일반법 (사전 규제)	저작권 특별법 (사후 제재)	행정명령·표준 (소프트 규범)
규제 철학	사전 예방·관리	사후 억지·처벌	위험 기반 거버넌스
규제 대상	AI 시스템 전체	저작권 관리 정보	AI 개발·운영 전반

[표] 미국과 EU의 투명성 관련 조문

구분	조문/문헌	핵심 내용
EU AI Act	Art. 53(1)(d)	훈련데이터 콘텐츠 요약 공개
DMCA	§1202(b), (c)	CMI 제거·변경 금지
미국 AI	EO 14110	훈련데이터·능력·한계 투명성
미국 AI	NIST AI RMF	시스템 설명 가능성

[표] 미국과 EU의 책임성 정의

항목	EU AI Act	DMCA	미국 AI 규범
책임성 핵심	관리 책임	제재 책임	거버넌스 책임
책임 발생 시점	사전·상시	사후	사전+사후
핵심 기준	관리·문서·로그	의도+위반	합리적 관리

[표] 미국과 EU의 책임성 관련 조항

구분	조문	의미
EU AI Act	Art. 9	위험관리체계
	Art. 11-12	문서화·로그
	Art. 17	품질관리체계
	Art. 61	사후 모니터링
DMCA	§1203(c)	정액·건수 배상
미국 AI NIST	AI RMF	책임 주체·시정

[표] 미국과 EU의 책임성 귀결

항목	EU AI Act	DMCA	미국 AI 규범
제재 유형	과징금·시정·금지	법정손해배상	기존 법률 적용
금전 제재	비례·억지	$2,500-$25,000/건	사건별
운영 제재	서비스 중단	간접적	FTC 명령 등

[표] 미국과 EU규범상 AI 학습분쟁 대응방식

쟁점	EU AI Act	DMCA	미국 AI 규범
입법 취지	"설명하지 못하면 위법"	"지우면 돈을 낸다"	"속이거나 관리 못 하면 책임"
분쟁 초점	관리 실패	CMI 제거	기만·과실
핵심 증거	문서·로그	메타데이터	고지·내부정책
기업 방어	관리 이행 입증	의도 부정	합리성 입증

EU AI Act와 미국 DMCA 및 AI 관련 규범은 모두 투명성과 책임성을 핵심 원리로 삼고 있으나, 그 구현 방식은 현저히 다르다. EU AI Act는 AI 시스템의 위험을 사전에 관리하고 설명할 책임을 제공자에게 부과함으로써 절차적·관리적 책임성을 제도화한다. 반면 DMCA는 저작권 관리 정보의 제거를 금지하고 강력한 법정손해배상 제도를 통해 사후적 억지력을 확보한다. 미국의 AI 규범은 단일 법률이 아닌 행정명령과 표준을 통해 투명성과 책임성을 요구하며, 그 이행 여부는 기존 소비자보호·차별금지·제품책임 법제를 통해 평가된다. 이러한 차이는 AI 규제에서 유럽이 '사전 관리 모델'을, 미국이 '사후 책임 모델'을 채택하고 있음을 보여준다.

(4) ISO에 있어서 투명성과 책임성

ISO에서의 투명성(transparency)과 책임성(accountability)과 관련한 표준은 먼저, ISO/IEC 42001:2023이라고 할 것이다. 이는 AI Management System (AIMS)로서 AI 거버넌스·책임성의 '헌법'에 해당하는 표준이다.

여기에서 투명성(Transparency) 관련 핵심 규정으로는 Clause 5 - Leadership(리더십)에 "top management shall ensure responsibilities and authorities are assigned and communicated"라는 내용이 있다.

최고경영진은 AI 관련 역할·책임·권한을 명확히 정의하는데 이를 조직 내에 투명하게 공유해야 한다는 것이다. 투명성은 외부 공개가 아니라 내부 설명 가능성에서 출발한다. EU AI Act의 '조직적 투명성'과 직접 대응되는 규정이라 할 것이다.

Clause 7.4 - Communication "the organization shall determine the need for internal and external communi cations"는 조직은 AI와 관련해 무엇을 누구에게 어떤 방식으로 커뮤니케이션할지 정해야 한다. AI 시스템의 목적·한계·위험에 대한 설명 책임을 포함한다. AI 사용 사실을 고지하고 데이터 출처 설명의 ISO적 근거를 둔 것이라 할 수 있다.

다음으로 책임성(Accountability) 관련 핵심 규정은 Clause 5.3 - Organizational roles, responsibilities and authorities 라고 할 수 있다. "responsibilities and authorities shall be assigned"는 말 그대로 AI와 관련된 모든 활동에 대해 책임 주체를 특정해야 한다. 이는 알고리즘이 했다는 변명을 차단하도록 하며, 미국 NIST·EU AI Act의 책임 귀속 원리와 동일하다.

또한 Clause 6 - Planning(계획)의 경우 "actions to address risks and opportunities"라는 표현에서 AI로 인한 위험을 사전에 식별, 대응 계획 수립, 위험을 예견했음에도 방치하면 관리 책임 발생한다고 할 수 있다. 이는 우리나라의 '주의의무 위반'과 연결된다.

Clause 8 - Operation(운영) 역시 "operational planning and control"은 AI 시스템의 학습·배포·운영 전 과정에서 통제(control) 의무가 있으며 자동화라는 사실만으로 책임이 면제되지 않는다고 한다.

Clause 9 - Performance evaluation은 "monitoring, measurement, analysis and evaluation"에서 보듯이 AI 성능·위험을 지속적으로 평가하여야 하고 사고 발생 후가 아니라 상시 책임 구조를 진다는 것을 의미한다.

Clause 10 - Improvement 역시 "continual improvement of the AI management system"이라고 하여 문제 발생 시 시정조치, 재발 방지, 책임성은 곧 개선 의무를 말한다.

또 다른 ISO 표준으로는 ISO/IEC 23894:2023이 있는데 이는 AI Risk Management로서 NIST AI RMF와 가장 유사한 ISO 위험관리 표준이라 할 것이다.

여기에서 투명성 관련 규정은 Clause 6 - Risk identification에 있는데 "identify AI risks throughout the lifecycle"이라고 하여 AI 전 생애주기에서 데이터, 모델, 사용 맥락을 식별 가능하게 정리하여야 한다고 규정한다. 즉, 투명성이란 리스크가 어디서 생기는지 설명 가능하여야 한다는 것이다.

책임성 관련 규정은 Clause 7 - Risk analysis and evaluation이 있는데 "analyse and evaluate identified risks"에서 보듯이 위험을 인식하고도 평가·대응하지 않으면 조직이 책임을 져야 한다는 것이다.

Clause 8 - Risk treatment의 "select and implement risk treatment options"는 위험을 줄이기 위한 조치 선택·이행으로 이행 실패는 책임 발생을 말한다.

그러므로 ISO에서의 투명성·책임성 개념을 정리해 보면 투명성이란 AI 시스템의 설계·학습·운영이 내부적으로 설명 가능하고, 감사·점검이 가능한 상태를 말하며 외부 공개할 필요는 없으며 내부 문서화로 대응할 수 있으면 된다.

또한 책임성은 AI로 인한 위험과 결과에 대해 책임 주체를 특정하고, 관리·시정·개선을 지속할 의무를 지며 고의와 과실 구분하지 않고 관리 실패 그 자체가 책임을 지는 것이다.

ISO 표준은 투명성과 책임성을 외부 공개 의무가 아닌, 조직 내부의 관리·문서화·위험 통제 체계로 정의한다. ISO/IEC 42001과 23894는 AI 시스템의 전 생애주기에 걸쳐 책임 주체를 특정하고, 위험을 식별·관리·개선할 의무를 부과함으로써, EU AI Act와 미국 DMCA가 요구하는 투명성과 책임성을 실무적으로 구현하는 기반을 제공한다.

(5) 우리나라

1) 투명성

우리나라 역시 투명성과 관련하여서는 대표적인 규정은 수집, 이용 고지, 처리방침을 공개해야 하는 개인정보보호법과 저작권법 제104조의3, 권리관리정보(RMI) 제거·변경 금지가 있다. 또한 2026년 1월 22일 시행되는 「인공지능발전과 신뢰 기반 조성 등에 관한 기본법」(약칭: 인공지능기본법) 제31조 규정이 존재한다. 이 규정에 따라 원칙적으로 AI 사용 사실·원칙을 고지할 의무를 진다.

투명성 관련 개인정보보호법

제15조(개인정보의 수집·이용) ① 개인정보처리자는 다음 각 호의 어느 하나에 해당하는 경우에는 개인정보를 수집할 수 있으며 그 수집 목적의 범위에서 이용할 수 있다. 〈개정 2023. 3. 14.〉

1. 정보주체의 동의를 받은 경우
2. 법률에 특별한 규정이 있거나 법령상 의무를 준수하기 위하여 불가피한 경우
3. 공공기관이 법령 등에서 정하는 소관 업무의 수행을 위하여 불가피한 경우
4. 정보주체와 체결한 계약을 이행하거나 계약을 체결하는 과정에서 정보주체의 요청에 따른 조치를 이행하기 위하여 필요한 경우
5. 명백히 정보주체 또는 제3자의 급박한 생명, 신체, 재산의 이익을 위하여 필요하다고 인정되는 경우
6. 개인정보처리자의 정당한 이익을 달성하기 위하여 필요한 경우로서 명백하게 정보주체의 권리보다 우선하는 경우. 이 경우 개인정보처리자의 정당한 이익과 상당한 관련이 있고 합리적인 범위를 초과하지 아니하는 경우에 한한다.
7. 공중위생 등 공공의 안전과 안녕을 위하여 긴급히 필요한 경우

② 개인정보처리자는 제1항제1호에 따른 동의를 받을 때에는 다음 각 호의 사항을 정보주체에게 알려야 한다. 다음 각 호의 어느 하나의 사항을 변경하는 경우에도 이를 알리고 동의를 받아야 한다.

1. 개인정보의 수집·이용 목적

2. 수집하려는 개인정보의 항목
3. 개인정보의 보유 및 이용 기간
4. 동의를 거부할 권리가 있다는 사실 및 동의 거부에 따른 불이익이 있는 경우에는 그 불이익의 내용

③ 개인정보처리자는 당초 수집 목적과 합리적으로 관련된 범위에서 정보주체에게 불이익이 발생하는지 여부, 암호화 등 안전성 확보에 필요한 조치를 하였는지 여부 등을 고려하여 대통령령으로 정하는 바에 따라 정보주체의 동의 없이 개인정보를 이용할 수 있다. 〈신설 2020. 2. 4.〉

제17조(개인정보의 제공) ① 개인정보처리자는 다음 각 호의 어느 하나에 해당되는 경우에는 정보주체의 개인정보를 제3자에게 제공(공유를 포함한다. 이하 같다)할 수 있다. 〈개정 2020. 2. 4., 2023. 3. 14.〉

1. 정보주체의 동의를 받은 경우
2. 제15조제1항제2호, 제3호 및 제5호부터 제7호까지에 따라 개인정보를 수집한 목적 범위에서 개인정보를 제공하는 경우

② 개인정보처리자는 제1항제1호에 따른 동의를 받을 때에는 다음 각 호의 사항을 정보주체에게 알려야 한다. 다음 각 호의 어느 하나의 사항을 변경하는 경우에도 이를 알리고 동의를 받아야 한다.

1. 개인정보를 제공받는 자
2. 개인정보를 제공받는 자의 개인정보 이용 목적
3. 제공하는 개인정보의 항목

4. 개인정보를 제공받는 자의 개인정보 보유 및 이용 기간
5. 동의를 거부할 권리가 있다는 사실 및 동의 거부에 따른 불이익이 있는 경우에는 그 불이익의 내용
③ 삭제 〈2023. 3. 14.〉
④ 개인정보처리자는 당초 수집 목적과 합리적으로 관련된 범위에서 정보주체에게 불이익이 발생하는지 여부, 암호화 등 안전성 확보에 필요한 조치를 하였는지 여부 등을 고려하여 대통령령으로 정하는 바에 따라 정보주체의 동의 없이 개인정보를 제공할 수 있다. 〈신설 2020. 2. 4.〉

제30조(개인정보 처리방침의 수립 및 공개) ① 개인정보처리자는 다음 각 호의 사항이 포함된 개인정보의 처리 방침(이하 "개인정보 처리방침"이라 한다)을 정하여야 한다. 이 경우 공공기관은 제32조에 따라 등록대상이 되는 개인정보파일에 대하여 개인정보 처리방침을 정한다. 〈개정 2016. 3. 29., 2020. 2. 4., 2023. 3. 14.〉
1. 개인정보의 처리 목적
2. 개인정보의 처리 및 보유 기간
3. 개인정보의 제3자 제공에 관한 사항(해당되는 경우에만 정한다)
3의2. 개인정보의 파기절차 및 파기방법(제21조제1항 단서에 따라 개인정보를 보존하여야 하는 경우에는 그 보존근거와 보존하는 개인정보 항목을 포함한다)
3의3. 제23조제3항에 따른 민감정보의 공개 가능성 및 비공개를 선택하는 방법(해당되는 경우에만 정한다)

4. 개인정보처리의 위탁에 관한 사항(해당되는 경우에만 정한다)
4의2. 제28조의2 및 제28조의3에 따른 가명정보의 처리 등에 관한 사항(해당되는 경우에만 정한다)
5. 정보주체와 법정대리인의 권리·의무 및 그 행사방법에 관한 사항
6. 제31조에 따른 개인정보 보호책임자의 성명 또는 개인정보 보호업무 및 관련 고충사항을 처리하는 부서의 명칭과 전화번호 등 연락처
7. 인터넷 접속정보파일 등 개인정보를 자동으로 수집하는 장치의 설치·운영 및 그 거부에 관한 사항(해당하는 경우에만 정한다)
8. 그 밖에 개인정보의 처리에 관하여 대통령령으로 정한 사항

② 개인정보처리자가 개인정보 처리방침을 수립하거나 변경하는 경우에는 정보주체가 쉽게 확인할 수 있도록 대통령령으로 정하는 방법에 따라 공개하여야 한다.

③ 개인정보 처리방침의 내용과 개인정보처리자와 정보주체 간에 체결한 계약의 내용이 다른 경우에는 정보주체에게 유리한 것을 적용한다.

④ 보호위원회는 개인정보 처리방침의 작성지침을 정하여 개인정보처리자에게 그 준수를 권장할 수 있다. 〈개정 2013. 3. 23., 2014. 11. 19., 2017. 7. 26., 2020. 2. 4.〉

투명성 관련 인공지능기본법

제31조(인공지능 투명성 확보 의무) ① 인공지능사업자는 고영향 인공지능이나 생성형 인공지능을 이용한 제품 또는 서비스를 제공하려는 경우 제품 또는 서비스가 해당 인공지능에 기반하여 운용된다는 사실을 이용자에게 사전에 고지하여야 한다.

② 인공지능사업자는 생성형 인공지능 또는 이를 이용한 제품 또는 서비스를 제공하는 경우 그 결과물이 생성형 인공지능에 의하여 생성되었다는 사실을 표시하여야 한다.

③ 인공지능사업자는 인공지능시스템을 이용하여 실제와 구분하기 어려운 가상의 음향, 이미지 또는 영상 등의 결과물을 제공하는 경우 해당 결과물이 인공지능시스템에 의하여 생성되었다는 사실을 이용자가 명확하게 인식할 수 있는 방식으로 고지 또는 표시하여야 한다. 이 경우 해당 결과물이 예술적·창의적 표현물에 해당하거나 그 일부를 구성하는 경우에는 전시 또는 향유 등을 저해하지 아니하는 방식으로 고지 또는 표시할 수 있다.

④ 그 밖에 제1항에 따른 사전고지, 제2항에 따른 표시, 제3항에 따른 고지 또는 표시의 방법 및 그 예외 등에 관하여 필요한 사항은 대통령령으로 정한다.

2) 책임성

한편 책임성과 관련해서는 개인정보보호법 제29조 안전조치 의무 규정과[6] 저작권법제104조의3의 위반, 즉 관리실패 시 이에 대한 민형사 책임 규정, 그리고 AI 기본법리·윤리 의무, 위험 관리와 관련한 제32조 규정이 있다.

제32조(인공지능 안전성 확보 의무) ① 인공지능사업자는 학습에 사용된 누적 연산량이 대통령령으로 정하는 기준 이상인 인공지능 시스템의 안전성을 확보하기 위하여 다음 각 호의 사항을 이행하여야 한다.

1. 인공지능 수명주기 전반에 걸친 위험의 식별·평가 및 완화
2. 인공지능 관련 안전사고를 모니터링하고 대응하는 위험관리체계 구축

② 인공지능사업자는 제1항 각 호에 따른 사항의 이행 결과를 과학기술정보통신부장관에게 제출하여야 한다.

③ 과학기술정보통신부장관은 제1항 각 호에 따른 사항의 구체적인 이행 방식 및 제2항에 따른 결과 제출 등에 필요한 사항을 정하여 고시하여야 한다.

---

6 제29조(안전조치의무) 개인정보처리자는 개인정보가 분실·도난·유출·위조·변조 또는 훼손되지 아니하도록 내부 관리계획 수립, 접속기록 보관 등 대통령령으로 정하는 바에 따라 안전성 확보에 필요한 기술적·관리적 및 물리적 조치를 하여야 한다.

2. AI 규범

(1) EU 방식

EU AI Act는 AI의 위험을 시스템 설계와 운영 과정에서 관리해야 할 위험으로 인식한다. 그래서 결과 규제에서 프로세스 규제로 가고 있는 명확한 흐름을 보여주고 있다. 특히 범용 AI(General Purpose AI, GPAI) 및 생성형 AI에 대해, 단순한 출력물 규제가 아니라 훈련데이터의 출처·특성·관리 방식에 대한 투명성을 핵심 의무로 설정한다.

이는 전통적인 저작권법이 결과물 중심으로 침해를 판단해 온 것과 대비된다. EU AI Act는 AI 학습 단계에서의 불투명성이 곧 분쟁의 씨앗이 된다는 전제 아래, "어떻게 학습되었는지 설명할 수 있는 능력"을 규제의 중심에 둔다.

그리하여 훈련데이터 투명성 의무의 핵심 내용에 대해 EU AI Act는 생성형 AI 제공자에게 다음과 같은 의무를 요구한다.

첫째, 훈련에 사용된 데이터의 일반적 설명(sufficiently detailed summary) 제공이다. 이는 개별 데이터셋을 공개하라는 의미는 아니지만, 최소한 데이터의 유형, 출처 범주, 수집 방식에 대해 사회적·법적 검증이 가능하도록 설명할 책임을 부과한다.

둘째, EU 저작권법과의 정합성 확보이다. AI Act는 명시적으로 InfoSoc Directive 및 DSM Directive와의 관계를 전제로 하며, 합법적 접근(legal access)과 저작권 예외(예: TDM 예외)를 준수했음을 입증할 수 있는 관리체계를 요구한다.

셋째, 옵트아웃(opt-out) 존중 및 기술적 조치이다. 저작권자가 TDM 예외에서 제외를 선택한 경우, 해당 의사가 학습 과정에서 실질적으로 반영되었는지를 관리·통제해야 한다.

이러한 구조는 AI Act가 저작권을 직접 규율하기보다는, 저작권 분쟁이 발생하지 않도록 사전 관리 의무를 강화하는 방식을 취하고 있음을 보여준다.

(2) 미국 방식

미국 DMCA의 투명성·책임성 모델은 강력한 사후 제재 중심 구조로 가고 있다. 먼저 미국 DMCA §1202는 저작권 관리 정보(CMI)의 제거·변경을 금지함으로써, 저작권 침해를 은닉하거나 촉진하는 행위 자체를 독립적으로 규율한다. 이 조항의 특징은, 침해 결과가 아니라 권리 추적 가능성을 훼손하는 행위를 문제 삼는다는 점이다.

특히 DMCA는 정액·건수 기반 법정손해배상이라는 강력한 제재수단을 통해, AI 학습과 같은 대규모 자동 처리 환경에서 막대한 소송 리스크를 발생시킨다.

DMCA의 투명성은 EU AI Act와 달리 사전적 설명 의무보다는 사후적 책임 추궁 가능성에 초점이 맞춰져 있다. 즉, 학습 데이터의 구체적 내역을 미리 공개하도록 요구하지 않지만, CMI가 제거된 상태로 대규모 처리가 이루어진 경우, 그 자체로 기업에게 치명적인 법적 위험이 발생한다. 이 구조에서 기업은 투명성을 확보하지 않을수록 소송 위험이 커지며, 결과적으로 자율적인 내부 문서화·로그·컴플라이언스 체계 구축이 사실상 강제된다.

사실 DMCA는 분쟁 발생 시의 제재가 매우 강력하다는 점에서 억지력(deterrence)이 크다. 그러나 그 예방 효과는 '공포 기반'에 가깝다. 기업은 사후 책임을 피하기 위해 방어적 설계를 택하지만, 규범이 요구하는 투명성의 내용과 수준은 상대적으로 추상적이다.

(3) ISO 방식

ISO는 주의의무의 표준을 선도하며 기술·조직 차원의 책임성 모델을 구체화해 왔다.

ISO 표준의 성격을 살펴보면 ISO/IEC 23894, ISO/IEC 42001(AI Management System) 등 최근의 AI 관련 ISO 표준은 법적 제재보다는 조직 차원의 관리체계 구축에 초점을 둔다. 이 표준들은 AI 시스템의 라이프사이클 전반에 걸쳐 위험을 식별·기록·완화할 것을 요구한다.

ISO 표준에서 투명성이란, 외부 공개 그 자체보다는 내부적으로 설명 가능하고 추적 가능한 상태를 의미한다. 훈련데이터의 출처, 라이선스 상태, 전처리 방식, 메타데이터 관리 여부 등이 문서화되어 있고, 사후 감사가 가능하다면 표준상 투명성이 충족된다.

이는 EU AI Act와 DMCA의 요구를 기술적·조직적으로 구현할 수 있는 실무적 도구를 제공한다는 점에서 중요한 의미를 가진다.

(4) 소결

EU AI Act는 사전 예방형 모델, DMCA는 사후 제재형 모델, ISO는 관리체계형 모델로 요약할 수 있다. 이 세 모델은 상호 배타적이라기보다는, 서로 다른 층위에서 책임성을 구성한다.

EU AI Act는 투명성을 규범적 의무로 명문화함으로써 분쟁의 발생 가능성을 낮추고자 하며, DMCA는 위반 시 감당할 수 없는 비용을 부과함으로써 억지력을 확보한다. ISO 표준은 이 두 규범을 실무적으로 연결하는 중간 매개체 역할을 수행한다.

분쟁 예방이라는 관점에서 볼 때, 가장 효과적인 모델은 단일 규범이 아니라 이들의 결합이다. EU AI Act가 요구하는 데이터 투명성은 초기 오해와 불신을 줄이고, DMCA의 강력한 제재는 관리 부실을 억제하며, ISO 표준은 이를 일상적 운영으로 정착시킨다.

특히 AI 학습 분쟁의 다수는 "불법이었는가"보다 "설명할 수 있는가"에서 갈린다. 이 점에서 EU AI Act와 ISO 표준이 강조하는 설명 가능성은 DMCA 소송에서도 중요한 방어 자산으로 작동할 수 있다.

결국 AI 소프트웨어 개발자와 AI 기업은 저작권 문제를 법무의 사후 대응 영역이 아니라, 데이터 엔지니어링 단계의 설계 문제로 인식해야 한다.

둘째, 투명성은 공개의 문제가 아니라 설명 가능성·문서화·재현 가능성의 문제임을 인식해야 한다.

셋째, EU AI Act의 훈련데이터 투명성은 단순한 규제 부담이 아니라, 국제 분쟁에서 기업을 보호하는 '방패'로 기능할 수 있다.

EU AI Act, DMCA, ISO 표준은 서로 다른 법문화와 규제 철학을 반영하지만, 공통적으로 AI 시대의 핵심 위험을 불투명한 학습 과정에서 찾고 있다. 이들 규범이 제시하는 투명성·책임성 모델은 단순한 규제 수단이 아니라, 분쟁 예방을 위한 구조적 장치로 이해되어야 한다. 향후 AI 규범의 경쟁은 "누가 더 강하게 처벌하는가"가 아니라, 누가 더 설득력 있게 설명 가능한 시스템을 요구하는가의 문제로 이동할 것이다. EU AI Act의 훈련데이터 투명성과 저작권 세이프가드는 이러한 변화의 출발점으로 평가될 수 있다.

VI

저작권법상 프로그램 저작물·공정이용·TDM 논의

1. 문제의 제기

그렇다면 AI 시대의 저작권법은 무엇을 보호해야 하는가. 인공지능 기술의 발전은 저작권법이 전통적으로 전제해 온 저작물의 생성·이용 구조를 근본적으로 변화시키고 있다. 특히 AI 학습 과정은 수많은 기존 저작물을 입력 데이터로 분석·복제·변형하는 과정을 포함하며, 이는 저작권법상 복제권·전송권·2차적저작물 작성권 등과 직접적으로 충돌한다. 이러한 맥락에서 프로그램 저작물, 공정이용(fair use), 그리고 텍스트 및 데이터 마이닝(TDM)은 AI 학습의 적법성을 판단하는 핵심 법리로 부상하였다.

문제는 기존 저작권법이 인간 창작자의 창작행위를 중심으로 설계되어 있다는 점이다. AI 학습은 창작을 위한 "이용"이 아니라 패턴 추출과 통계적 분석을 위한 대량 처리라는 점에서 전통적 이용 유형과 질적으로 다르다. 이에 따라 저작권법은 보호와 이용의 균형, 나아가 기술 중립성과 혁신 촉진이라는 정책 목표를 어떻게 조정할 것인지라는 근본적 질문에 직면하게 된다.

2. 프로그램 저작물의 개념과 보호 범위

(1) 프로그램 저작물의 정의

우리나라 저작권법은 제4조 제1항 제9호에서 컴퓨터프로그램을 저작물의 일종으로 명시하고 있다. 프로그램 저작물이란 특정한 결과를 얻기 위하여 컴퓨터 등 정보처리능력을 가진 장치에서 직접 또는 간접으로 사용되는 명령어·기호·코드의 집합을 의미한다. 이는 소스코드뿐만 아니라 목적코드(object code)도 포함한다.

프로그램 저작물 보호의 핵심은 표현과 아이디어의 구별이다. 알고리즘, 기능, 처리 논리는 원칙적으로 아이디어 영역에 속하여 보호되지 않으며, 저작권법이 보호하는 것은 그 아이디어를 구체화한 코드의 표현형태이다.

(2) AI 학습과 프로그램 저작물

AI 학습 과정에서 프로그램 저작물은 이중적 지위를 가진다. 첫째, AI 모델 자체는 프로그램 저작물에 해당할 수 있다. 둘째, 학습에 사용되는 소프트웨어·라이브러리·프레임워크 역시 프로그램 저작물로 보호된다. AI 학습은 필연적으로 프로그램 저작물을 복제·로드·실행하는 과정을 포함하므로, 이는 형식적으로는 복제권 침해 가능성을 내포한다. 다만 저작권법은 프로그램의 정상적 이용을 위하여 불가피한 복제를 허용하는 규정을 두고 있으며, 이 범위를 어떻게 해석할 것인지가 쟁점이 된다.

3. 공정이용의 법리

(1) 공정이용의 취지

공정이용 제도는 저작권의 배타성이 과도하게 확장되는 것을 방지하고, 표현의 자유·학문 연구·기술 발전을 보장하기 위한 안전판이다. 우리나라 저작권법 제35조의5[7]는 미국법의 공정이용 이론을 참고하

7 제35조의5(저작물의 공정한 이용) ① 제23조부터 제35조의4까지, 제101조의3부터 제101조의5까지의 경우 외에 저작물의 일반적인 이용 방법과 충돌하지 아니하고 저작자의 정당한 이익을 부당하게 해치지 아니하는 경우에는 저작물을 이용할 수 있다. 〈개정 2016. 3. 22., 2019. 11. 26., 2023. 8. 8.〉
② 저작물 이용 행위가 제1항에 해당하는지를 판단할 때에는 다음 각 호의 사항

여 도입된 일반조항으로, 일정 요건하에서 저작물 이용을 저작권 침해로 보지 않는다.

(2) 공정이용 판단 요소

공정이용 판단은 다음과 같은 요소를 종합적으로 고려한다. 이용의 목적 및 성격, 영리적 이용인지, 비영리적·공익적 이용인지, 변형적(transformative) 이용인지 여부와 저작물의 성격, 창작성이 높은지, 사실적·기능적 저작물인지, 이용된 부분의 양과 중요성, 저작물의 현재 및 잠재적 시장에 미치는 영향 등이 그것이다. AI 학습의 경우, 이용 목적은 표현 향유가 아니라 분석·통계 처리라는 점에서 변형성이 인정될 여지가 있다. 특히 학습 결과물이 원저작물의 표현을 대체하지 않는다면, 시장 침해 가능성은 상대적으로 낮다고 평가될 수 있다.

그러나 공정이용은 사안별·사후적 판단이라는 한계를 가진다. 대규모 AI 학습과 같이 수백만 건의 저작물이 일괄 처리되는 경우, 개별 저작물마다 공정이용 여부를 판단하는 것은 현실적으로 어렵다. 이로 인해 법적 불확실성이 커지고, 기업은 사전적 컴플라이언스 비용을 과도하게 부담하게 된다.

등을 고려하여야 한다. 〈개정 2016. 3. 22.〉 1. 이용의 목적 및 성격 2. 저작물의 종류 및 용도 3. 이용된 부분이 저작물 전체에서 차지하는 비중과 그 중요성 4. 저작물의 이용이 그 저작물의 현재 시장 또는 가치나 잠재적인 시장 또는 가치에 미치는 영향

미국·EU 판례를 반영한 공정이용 판단 체크리스트

AI 학습·크롤링·TDM의 사전 리스크 점검하고 미국(공정이용)·EU(TDM 예외) 모두 방어 가능한 구조 설계하기 위해 다음과 같은 점을 주의할 필요가 존재한다.

첫째, 이용 목적 및 성격(Purpose & Character)
- 저작물의 표현을 즐기거나 재현하기 위한 이용인가?
- 분석·통계·패턴 추출이 주된 목적인가?
- 결과물이 원저작물을 대체하는가?

실제 Google Books(미국) 판결에서 검색·분석 목적으로의 이용은 공정이용을 인정하였으며 Authors Guild v. HathiTrust 판결 역시 비표현적 분석을 강조한 바 있다. AI 학습은 변형적(transformative) 이용으로 평가될 여지가 크다는 사실을 잊어서는 안 된다.

둘째, 저작물의 성격(Nature of the Work)
- 사실적·정보적 저작물인가?
- 기능적 요소가 강한가(프로그램, 데이터)?

기능적·사실적 저작물일수록 공정이용으로 보기 쉬우며 프로그램·데이터 분석은 사진 저작물과 같이 보호 강도 상대적으로 약한 편에 속한다.

셋째, 이용된 분량과 실질성(Amount & Substantiality)
- 전체를 사용했는가?
- 그럼에도 분석상 불가피한 이용이었는가?

전체 이용도 목적상 필요하면 허용(Google Books)할 수 있고, AI 학습은 "전체 접근 불가피성" 논증도 중요하다.

넷째, 시장 영향(Market Effect)
- 원저작물의 기존 시장을 잠식하는가?
- 라이선스 시장을 직접 대체하는가?

검색·분석은 시장 대체가 아니며 생성 결과물이 원저작물과 경쟁하면 위험하다.

다섯째, 합법적 접근(Legal Access)
- 합법적으로 접근한 데이터인가?
- 약관 위반 크롤링은 아닌가?

이는 EU 기준을 반영한 것이다. DSM Directive Art.3·4는 "인터넷에 공개"하는 것이 바로 합법적 접근은 아니라 하였다.

여섯째, 권리관리정보(RMI/CMI) 유지
- EXIF/IPTC/워터마크를 자동 삭제하지 않았는가?

- 삭제 시 기술적 불가피성·관리 조치가 있는가?
미국 DMCA §1202는 자동 삭제도 정황상 의도 인정이 가능하며 우리나라 제104조의3은 과실만으로도 문제가 가능하다.

일곱째, 관리·문서·로그(Accountability)
- 학습 데이터 범주로 설명이 가능한가?
- opt-out 반영 절차가 존재하였는가?
- 로그·기술 문서를 보관하였는가?
이는 EU AI Act Art. 11·12·53과 ISO/IEC 42001 규정과 관련된 부분이다.

결국 공정이용으로서 TDM 인정 가능성이 높은 경우는 비표현적 분석 목적으로 결과물이 원저작물 대체하지 않고 합법적으로 접근하고 관리·로그가 존재하여야 한다. 한편 반대로 리스크가 큰 경우로는 산출물이 원저작물과 유사, 메타데이터 대량을 삭제하였으며 관리·설명 자체가 불가능한 경우 공정이용으로 수용되기 쉽지 않다.
AI 학습을 위한 텍스트 및 데이터 마이닝은 비표현적·변형적 이용이라는 점에서 공정이용 또는 TDM 예외의 적용 가능성이 높으나, 합법적 접근, 권리관리정보 유지, 관리·입증 체계가 결여될 경우 그 정당성은 쉽게 부정될 수 있다.

4. TDM(Text and Data Mining)의 등장과 의의

(1) TDM의 개념

TDM이란 텍스트, 이미지, 음성, 영상 등 대량의 데이터를 자동화된 방식으로 분석하여 패턴·상관관계·통계적 정보를 추출하는 행위를 말한다. TDM의 핵심은 저작물의 표현을 향유하거나 재이용하는 것이 아니라, 정보적 요소를 추출하는 데 있다.

(2) TDM과 복제권의 충돌

기술적으로 TDM은 저작물을 일시적 또는 영구적으로 복제하는 과정을 포함한다. 따라서 형식적으로는 복제권 침해가 문제 될 수 있다. 이 때문에 TDM을 명시적으로 허용하지 않는 법체계에서는 공정이용이나 묵시적 허락 이론에 의존할 수밖에 없다.

5. 비교법적 관점

(1) EU의 접근

EU는 '유럽연합의 디지털 단일시장의 저작권에 관한 지침'(EU Directive on Copyright in the Digital Single Market)(이하,

'DSM 저작권지침' 이라 한다)은 2019년 5월 17일 유럽연합 관보를 통해 공포되어 같은 해 6월 7일 발효되었다. 이 지침 중에는 'TDM'에 관한 저작재산권의 제한 규정이 있다. 제3조의 '과학연구를 목적으로 하는 TDM'과 제4조의 'TDM을 위한 권리제한' 규정이다. 그리하여 연구 목적 TDM은 opt-out이 불가능하고, 상업적 목적 TDM은 권리자의 명시적 거부(opt-out)를 허용한다. 이는 AI 학습의 적법성 기준을 사전적으로 명확화하려는 입법적 선택이다.

Article 3
Exception or limitation for text and data mining for the purposes of scientific research

1. Member States shall provide that acts of reproducing and extracting lawfully accessed works or other subject-matter for the purposes of text and data mining shall not be prevented by the rights provided for in Article 2(a) and (c) and Article 3 of Directive 96/9/EC and Article 2 of Directive 2001/29/EC, where they are carried out for the purposes of scientific research by research organisations and cultural heritage institutions.
2. For the purposes of this Article, "research organisation" and "cultural heritage institution" shall be understood

in accordance with definitions in Article 2.
3. This Article shall not affect the application of temporary acts of reproduction as referred to in Article 5(1) of Directive 2001/29/EC.
4. Any contractual provision contrary to this Article shall be unenforceable.

제3조 과학연구 목적의 텍스트·데이터 마이닝 예외
1. 회원국은 연구기관 또는 문화유산기관이 과학연구 목적으로 수행하는 TDM을 위해 합법적으로 접근 가능한 저작물 또는 기타 보호대상에 대한 복제·추출을 Directive 96/9/EC 및 Directive 2001/29/EC에 규정된 복제권 등 관련 권리에 의해 제한되지 않도록 규정하여야 한다.
2. 이 조에서 "연구기관(Research organisation)"과 "문화유산기관(Cultural heritage institution)"의 의미는 제2조의 정의에 따른다.
3. 본 조는 Directive 2001/29/EC 제5조 1항의 일시적 복제 예외의 적용에 영향을 주지 아니한다.
4. 본 조와 상충하는 어떠한 계약조항도 집행할 수 없다(unenforceable).

Article 4

Exception or limitation for text and data mining

1. Member States shall provide that any contractual provision contrary to the exceptions and limitations provided for in this Title shall be unenforceable.
2. Member States shall provide for an exception or limitation to the rights provided for in Article 5(a) and Article 7(1) of Directive 96/9/EC, Article 2 of Directive 2001/29/EC, Article 4(1)(a) and (b) of Directive 2009/24/EC and Article 15(1) of this Directive for reproductions and extractions of works or other subject-matter which are lawfully accessed by a beneficiary, for the purposes of text and data mining.
3. Member States may provide that rightholders can reserve the rights referred to in paragraph 2 in an appropriate manner, including by means of machine-readable mechanisms, with regard to content that has been made publicly available.
4. This Article shall be without prejudice to the exceptions and limitations provided for in Article 3.

제4조 - 텍스트·데이터 마이닝을 위한 예외·제한

1. 회원국은 본 제목(Title)에 규정된 예외 및 제한과 상충되는 모든 계약조항을 무효(unenforceable)로 하여야 한다.

2. 회원국은 다음과 같은 권리에 대해 예외 또는 제한을 도입하여야 한다.

Directive 96/9/EC 제5(a), 제7(1)

Directive 2001/29/EC 제2

Directive 2009/24/EC 제4(1)(a),(b)

본 지침 제15(1)

이 예외는 법적으로 접근이 허용된 저작물 또는 기타 대상에 대한 복제·추출을 TDM 목적으로 수행할 수 있도록 하는 것이다.

3. 회원국은, 저작권자가 적절한 방식(appropriate manner), 예컨대 머신리더블 메커니즘 등을 통해 공개된 콘텐츠에 대해 제2항 권리를 사전에 유보(reserve)할 수 있도록 규정할 수 있다.

4. 본 조는 제3조의 예외 및 제한에 영향을 주지 않는다.

(2) 미국의 접근

미국은 TDM에 대한 명문 규정 없이, 공정이용 법리를 통해 해결한다. 검색 엔진 판례(Google Books 사건 등)[8]에서 대규모 스캔과 분

8 Authors Guild v. Google, Inc., 804 F.3d 202 (2d Cir. 2015). No. 13-4829-cv

석이 공정이용으로 인정된 바 있으며, 이는 AI 학습에도 유추 적용될 가능성이 있다. 다만 소송 중심의 사후 규제 구조라는 점에서 불확실성은 여전히 존재한다. 미국 저작권법 제107조의 공정이용(fair use) 법리를 통한 사후 적법성 판단에 있어 미국 제2연방순회항소법원은 수백만 권의 저작물을 무단으로 스캔하여 데이터베이스화하고, 이를 검색·분석·색인화에 활용한 행위가 '변형적 이용(transformative use)'에 해당하여 공정이용에 해당한다고 판시하였다. 법원은 구글의 행위가 원저작물의 독서·소비를 대체하지 않고, 오히려 저작물의 정보적 가치를 검색·분석 가능하게 확장하는 기능을 수행한다는 점을 중시하였다.

특히 법원은 저작물의 전체를 복제하였다는 점만으로 공정이용이 부정되지 않으며, 대규모 스캔이 검색·데이터 분석이라는 새로운 목적을 달성하기 위해 기술적으로 필요했다는 점을 공정이용 판단의 핵심 요소로 보았다. 이 판결은 이후 연방대법원이 상고심을 받아들이지 않음으로써(136 S. Ct. 1658 (2016)) 확정되었고, 오늘날 미국에서 AI 학습을 포함한 대규모 데이터 분석이 공정이용으로 정당화될 수 있는 이론적 토대를 제공하고 있다.

이러한 판례 구조는, 미국이 EU나 일본처럼 TDM에 대한 사전적 입법 면책 규정을 두지 않는 대신, 사후적·사안별 공정이용 심사를 통해 AI 학습과 저작권 보호 간의 균형을 도모하는 모델을 채택하고 있음을 보여준다.

(3) 우리나라

우리나라는 아직 명시적 TDM 예외 규정이 없다. 따라서 AI 학습의 적법성은 공정이용, 저작물 성격, 이용 목적, 관리·통제 수준 등을 종합적으로 고려하여 판단될 수밖에 없다. 이로 인해 사법 판단에 의존하는 구조가 형성되고 있다. 그러다 보니 AI 학습과 관련된 소프트웨어 개발 기업 등은 다음과 같은 긴장을 낳는다.

첫째, 권리자 보호 vs. 기술 혁신인가 둘째, 사전 허가 모델 vs. 사후 책임 모델인가 셋째, 개별 저작물 보호 vs. 집합적 데이터 이용인가와 같은 것이 그것이다. 특히 대규모 언어모델이나 이미지 생성 모델의 경우, 학습 단계에서는 저작권 침해가 문제 될 수 있으나, 출력 단계에서는 침해 여부가 별도로 판단되어야 한다. 이 이중 구조는 저작권법 해석을 더욱 복잡하게 만든다.

(4) 소결

AI 학습과 같은 비표현적 이용(non-expressive use)에 대해서는 공정이용의 범위를 보다 적극적으로 해석하거나, EU와 같이 명문 TDM 예외를 도입하는 방안을 검토할 필요가 있으며 권리자 보호는 학습 금지보다는 투명성·관리·보상 메커니즘을 통해 달성하는 것이 기술 발전과 조화를 이룰 수 있다. 특히 프로그램 저작물 보호와 AI 혁신의 균형을 위해서는 알고리즘·기능 영역의 자유 이용 원칙을 재

확인할 필요가 있다.

저작권법상 프로그램 저작물, 공정이용, TDM 논의는 AI 시대 저작권법의 핵심 쟁점을 집약한다. 프로그램 저작물 보호는 여전히 중요하지만, 그 보호는 표현에 한정되어야 하며, AI 학습과 같은 비표현적·분석적 이용에 대해서는 보다 유연한 법리가 요구된다. 공정이용은 중요한 해석 도구이지만, 그 불확실성을 보완하기 위해 TDM에 관한 명확한 규범 정립이 필요하다. 궁극적으로 저작권법은 창작자의 정당한 이익 보호와 기술발전의 공익적 가치를 조화시키는 방향으로 진화해야 할 것이다.

TDM 예외 조문의 제안

저작권법 제35조의6(텍스트 및 데이터 마이닝)

제35조의6(텍스트 및 데이터 마이닝) (안)

① 합법적으로 접근할 수 있는 저작물 또는 그 밖에 이 법에 따라 보호되는 대상에 대하여, 텍스트 및 데이터 마이닝을 목적으로 하는 복제·분석·추출 행위는 그 이용이 저작물의 표현을 향유하거나 대체하지 아니하는 경우, 저작권 침해로 보지 아니한다.

② 제1항의 텍스트 및 데이터 마이닝은 과학적 연구 목적 또는 상업적 목적을 불문하고 허용된다.

③ 다만, 권리자가 대통령령으로 정하는 방법에 따라 텍스트 및 데이터 마이닝을 명시적으로 거부한 경우, 제2항의 상업적 목적의 텍스트 및 데이터 마이닝에는 적용하지 아니한다.

④ 제1항에 따라 생성된 복제물은 텍스트 및 데이터 마이닝의 목적 범위 내에서만 보관·이용할 수 있으며, 적절한 보안조치를 하여야 한다.
⑤ 제1항부터 제4항까지의 요건을 충족하였음을 주장하는 자는, 합법적 접근, 처리 목적, 관리·보안 조치에 관한 사항을 입증할 책임을 진다.

▶ 제안 취지

AI·데이터 분석을 위한 비표현적 이용(non-expressive use)을 명확히 합법화하고 EU DSM Directive(제3·4조)와 정합성 확보 및 우리나라 법제의 특징인 관리의무·과실 책임을 반영하였다. 이때 저작권자 보호는 투명성·옵트아웃·보안으로 달성하고자 하였다.
제1항 비표현적 이용 명시 규정은 AI 학습·분석은 "읽고 즐기는 이용"이 아님을 선언하였다.
제2항 상업적 이용을 허용하여 우리나라 AI 산업 현실을 반영하였으며, EU DSM 제4조와 동일하게 규정하였다.
제3항 opt-out 구조로서 권리자 선택권을 보장하는 EU 방식을 따른 것이다.
제4항 보관·보안 의무 규정의 경우 DSM Recital 18과 우리나라의 관리자 책임 법문화를 반영하였다.
제5항 입증책임 명문화 규정의 경우 EU AI Act·ISO·우리나라 저작권법상 과실책임 구조와 정합하도록 하였다.

▶ 기타

만일 대통령령 위임을 해야 하는 경우 옵트 아웃 방식에 대하여 기계판독 가능한 메타데이터, robots.txt, 표준화된 권리유보 태그 등 외 기타 방식을 옵트 아웃 방식의 인정 예로 규정할 수 있을 것이다. 또한 보안조치와 관련하여 접근통제, 로그, 목적 외 이용 방지 등 필수적으로 해야 할 조치에 대해 제시할 수 있을 것이다.

VII

AI 산출물의 저자성에 대한 국제적 논의

1. 인간만이 저작자인가

인공지능(AI)이 텍스트, 이미지, 음악, 영상 등 다양한 창작물을 대량으로 생성할 수 있게 되면서, 저작권법의 가장 근본적인 질문이 다시 제기되고 있다. 바로 "AI가 만든 산출물의 저자는 누구인가", 더 나아가 "AI 산출물에 저자라는 개념 자체를 부여할 수 있는가"라는 문제이다.

전통적인 저작권법은 저작물을 "인간의 사상 또는 감정을 표현한 창작물"로 정의해 왔다. 이 정의는 암묵적으로 인간 중심성(human authorship)을 전제한다. 그러나 AI는 인간의 직접적인 창작 행위 없이도 결과물을 산출하며, 그 결과물은 외형상 기존 인간 저작물과 구별하기 어려울 정도로 정교하다. 이로 인해 저작권법은 인간 창작자 보호를 위한 제도라는 정체성과, 기술 혁신을 수용해야 한다는 현실적 요구 사이에서 심각한 긴장 상태에 놓이게 되었다.

2. 국제조약의 출발점

AI 산출물의 저자성 논의는 국제적으로 베른협약(Berne Convention)과 WIPO 조약(WCT, WPPT)이라는 기존 틀 위에서 이루어진다. 베른협약은 저작자를 "저작물을 창작한 자(author)"로 전제하고 있으나, 저작자의 정의를 명문으로 규정하지는 않는다. 다만 협약 전체의 문맥은 인간 저작자를 전제로 한다는 점에 학설상 이견이 거의 없다.

WIPO는 AI 산출물에 대해 아직 명시적인 국제조약을 채택하지 않았으나, 여러 차례의 대화 세션(WIPO Conversation on IP and AI)을 통해 다음과 같은 공통된 전제를 확인하고 있다.

첫째, 현행 국제 저작권 체계는 비인간 창작물(non-human creation)을 예정하지 않는다.

둘째, AI 산출물에 저자성을 인정할 경우, 이는 기존 국제조약 체계의 근본적 수정을 요구한다.

셋째, 국제적 합의 없이 개별 국가가 독자적으로 AI 저자성을 인정할 경우, 국제적 보호 공백 또는 중복 보호 문제가 발생할 수 있다.

이러한 이유로 WIPO 차원에서는 현재까지 "AI 자체를 저자로 인정하자"는 방향에는 극히 신중한 태도를 유지하고 있다.

3. 주요 국가별 접근 방식의 분화

(1) 미국

미국 저작권법은 AI 산출물의 저자성에 대해 가장 명확한 입장을 취하고 있다. 미국 저작권청(US Copyright Office)은 반복적으로 "저작권은 인간 저작자에게만 인정된다"는 원칙을 천명해 왔다.

대표적인 사례로는 Thaler v. Perlmutter 사건이 있다. 이 사건에서 원고는 AI 시스템(DABUS)이 생성한 이미지를 저작물로 등록해 달라고 신청했으나, 저작권청은 이를 거부했고, 법원 역시 저작권법상 저작자는 인간이어야 한다고 판시하였다. 법원은 "저작권법의 역사, 문언, 체계는 모두 인간 창작자를 전제로 한다"고 명확히 밝혔다.

미국의 입장은 다음과 같이 정리할 수 있다. AI는 어디까지나 도구(tool)일 뿐이며, 저작권은 AI를 활용하여 창작적 선택을 한 인간에게만 귀속된다. 그렇게 미국은 인간 저자성 원칙의 강한 유지 의지를 지속해 보여왔다.

(2) EU

EU 역시 기본적으로 인간 저자성 원칙을 유지한다. EU 저작권법 체계는 "저작물은 저자의 지적 창작(intellectual creation)"이어야 한다는 기준을 확립해 왔으며, 이는 인간의 창작적 개입을 전제로 한다.

다만 EU는 AI 산출물 문제를 저자성보다는 '책임·투명성·시장 영향'의 관점에서 다루는 경향이 강하다. 즉, AI 산출물에 저작권을 부여할 것인가보다는, 누가 책임을 질 것인가, 시장에서 어떻게 유통·통제할 것인가, 기존 저작권자의 권리를 어떻게 보호할 것인가에 초점을 둔다.

EU AI Act 역시 AI 산출물의 저자성을 직접 규율하지 않으며, 대신 AI 사용 사실의 고지, 훈련데이터 투명성, 책임 귀속 구조를 통해 간접적으로 문제를 관리한다. 그러므로 EU는 인간 중심 원칙을 고수하지만 AI 산출물의 저자성을 직접 규율하지 않은 데에서 기능적 유연성도 열어놓고 있다.

(3) 영국

영국은 비교법적으로 가장 특이한 입장을 취한다. 영국 저작권법(CDPA)은 컴퓨터 생성 저작물(computer-generated works)에 대해, "저작물을 생성하는 데 필요한 조치를 취한 자"를 저자로 간주하는 규정을 두고 있다. 이에 대해 예외적·기능적 저자 개념이라고 저작권법에서는 말하고 있다.

이 규정은 AI 시대 이전에 도입된 것이지만, 현재 AI 산출물 논의에서 자주 인용된다. 다만 영국 내에서도 이 조항은 임시적·기술적 해결책에 불과하다는 비판을 받는다. 특히, 창작적 기여가 없는 자에게 저자성을 부여하는 것이 저작권의 본질과 충돌한다는 문제가 지적된다.

(4) 일본·중국

일본과 중국 역시 AI 자체를 저자로 인정하지 않는다. 일본은 AI 산출물에 대해 저작권 보호를 부정하면서도, AI 학습과 이용을 촉진하기 위해 저작권 제한 규정(TDM 예외)을 적극적으로 도입하였다. 이는 저자성 논쟁을 회피하고, 산업 진흥 중심의 접근을 택한 것으로 평가된다.

중국 또한 AI 산출물에 대한 저자성은 부정하되, 개별 사건에서 인간의 창작적 개입이 충분한 경우에만 저작권 보호를 인정하는 방향으로 판례를 축적하고 있다. 즉, 일본과 중국은 저자성을 부정하고 있으며, 이용 촉진을 위해 노력하고 있다. 일본은 저작권법 제30조의4를 통해 정보해석 및 비표현적 이용을 명문으로 허용함으로써, AI 학습과 텍스트·데이터 마이닝을 저작권 침해의 영역에서 원칙적으로 배제하였다. 반면 중국은 저작권법상 TDM에 관한 명시적 규정을 두고 있지 않으나, 판례와 정책 해석을 통해 AI 학습을 비표현적 이용으로 평가하는 실질적 허용 모델을 형성하고 있다. 이는 일본이 입법을 통해 법적 안정성을 확보한 것과 달리, 중국은 사법·행정적 유연성을 통해 기술 발전을 수용하고 있음을 보여준다.

일본 저작권법 제30조의4

第30条の4(情報解析のための利用)

著作物は、次に掲げる場合には、その必要と認められる限度において、

複製、翻案その他の利用をすることができる。

一　情報解析(人の知覚による認識を伴うことなく、著作物に含まれる言語、音、影像その他の情報を解析することをいう。)を行う場合

二　前号に掲げる場合のほか、

著作物に表現された思想又は感情を享受することを目的としない利用を行う場合

제30조의4(정보해석을 위한 이용)

저작물은 다음 각 호의 경우에는, 그 필요하다고 인정되는 범위 내에서 복제, 번안 그 밖의 이용을 할 수 있다.

1. 정보해석(사람의 지각에 의한 인식을 수반하지 아니하고, 저작물에 포함된 언어·음·영상 그 밖의 정보를 분석하는 것을 말한다)를 행하는 경우

2. 제1호의 경우 외에, 저작물에 표현된 사상 또는 감정을 향유하는 것을 목적으로 하지 않는 이용을 하는 경우

일본은 AI 학습·TDM에 대해 가장 명시적이고 광범위한 예외를 둔

국가로서 ① 상업적·비상업적 구분 없음 ② 저작물 종류 불문 ③ 권리자 opt-out 없음 ④ "표현을 향유하지 않는 이용"이면 원칙적으로 허용하여 국제적으로도 매우 독보적이다. 일본에서의 AI 산업은 매우 지원받고 있으며 "정보 해석" = TDM + AI 학습이고 "사상·감정의 향유 목적이 아닌 이용" = 비표현적 이용(non-expressive use)이라는 말을 통해 AI 학습은 원칙적으로 저작권 침해가 아니라는 입장을 입법으로 명문화한 것이다. 즉, 상업적 AI 학습도 가능하고 대규모 크롤링도 가능하며 전체 저작물 이용도 가능하며 다만 출력 단계 침해는 별도 판단 여지를 남겨두었다. 일본은 저자성·공정이용 논쟁을 TDM 단계에서 사실상 종결시켰고, 분쟁의 초점을 "학습"이 아니라 "출력"으로 이동시켰다. 이는 미국의 공정이용 모델보다 명확하고 EU DSM Directive보다 광범위하다는 평가를 받고 있다.

중국 저작권법 제24조

第二十四条

在下列情况下使用作品, 可以不经著作权人许可, 不向其支付报酬:

(一)为个人学习、研究或者欣赏, 使用他人已经发表的作品;

(二)为介绍、评论某一作品或者说明某一问题, 在作品中适当引用他人已经发表的作品;

…

(十三)法律、行政法规规定的其他情形。

(중국 저작권법, 2020년 개정)

第24조(합리적 이용)

다음 각 호의 경우에는, 저작권자의 허락을 받지 아니하고 보수를 지급하지 아니한 채
저작물을 이용할 수 있다.

(1) 개인의 학습·연구 또는 감상을 위하여

(2) 이미 공표된 타인의 저작물을 이용하는 경우 특정 저작물을 소개·평론하거나 특정 문제를 설명하기 위하여 이미 공표된 타인의 저작물을 적절히 인용하는 경우

…

(13) 법률 또는 행정법규에서 규정한 기타 경우

중국은 일본·EU와 달리 TDM에 관한 명시적 조문을 두고 있지 않으나 ① 저작권법상 권리 제한 조항 ② 사법 해석 및 판례[9] ③ AI·

9 텐센트 'Dreamwriter' 사건(2019)의 경우 AI가 자동 생성한 금융 기사, 제3자가 무단 복제하자 법원 판단은 AI 자체는 저자가 아님 그러나 개발·운영 과정에서 인간의 개입·편집·선택이 충분 → 법인(운영자)에게 저작권이 있음을 인정했다. 중국 법원이 기능적 저자 개념을 수용한 판례로 활용되며 완전 자동 생성은 보호되지 않으나 관리·편집 개입 있으면 보호될 수 있다는 것이다. 그 밖에 이미지 생성 AI 사건들(2022~)에 대해 중국 법원은 다음 기준을 반복적으로 사용한다. ① 프롬프트의 구체성 ② 출력물 선택·수정 여부 ③ 창작적 판단 개입 여부이다. 이 기준은 사실상 "AI는 도구, 인간이 창작자"라는 입장을 확인한 것이다.

데이터 정책 문서가 있다. 제24조에는 TDM·AI 학습이 명시되어 있지 않으며 “연구” 개념에 포함될 수는 있으나, 상업적 AI 학습까지 포섭하기는 어렵다. 즉, 중국 저작권법만 놓고 보면 AI 학습의 적법성은 불명확한 것이 사실이다.

다만 중국 법원은 AI 학습은 표현 향유 목적이 아니라고 하고 모델 학습 자체는 저작물 시장을 직접 대체하지 않으며 출력물이 원저작물과 실질적으로 유사한 경우만 문제 된다고 하고 있다. 사실상 일본식 “비표현적 이용” 논리를 사법적으로 채택한 것이다. 또한 각종 중국의 정책 문서는 중국 정부의 AI·데이터 정책에서는 반복적으로 합법적 데이터 이용, 혁신 촉진, 지식재산권의 합리적 보호를 병렬적으로 강조하면서 AI 학습은 허용하되, 출력 단계에서 침해를 통제라는 정책 방향을 보여준다. 그리하여 명문 TDM 규정으로 예외 규정, 공정이용 규정은 없으나 사법·정책 해석으로 사실상 허용하고 있다. 그러나 이와 같은 방식은 법적 안정성이 일본·EU보다 낮게 된다.

4. AI 산출물에 저자성을 부여할 것인가에 대한 찬반 논의

(1) 저자성 인정론

AI 산출물에 저자성을 인정해야 한다는 입장은 주로 다음과 같은 논거를 제시한다.

첫째, AI 산출물도 실질적으로 창작물과 동일한 경제적·문화적 가치를 가진다.

둘째, 보호가 없을 경우, AI 창작물 시장에서 무임승차가 만연할 수 있다.

셋째, 보호 대상이 없으면 투자 유인이 약화될 수 있다.

그러나 이 입장은 저작권법을 기술 보호 제도로 오인할 위험이 있다는 비판을 받는다.

(2) 저자성 부정론(다수설)

국제적으로 다수설은 AI 산출물에 저자성을 부여하는 것에 부정적이다. 그 이유는 다음과 같다. 첫째, 저작권은 인격적 창작 행위와 결부된 권리이다. 둘째, AI는 책임을 질 수 없으며, 권리·의무의 주체가 될 수 없다. 셋째, AI 산출물까지 보호하면 공공 영역(public domain)이 급격히 축소된다. 이러한 이유로 다수 국가들은 AI 산출물 자체는 보호하지 않되, 인간이 개입한 부분만 보호하는 방식을 채택하고 있다.

5. 최근 논의의 방향

최근 국제 논의는 "AI에게 저자성을 부여할 것인가"라는 원론적인 질문을 검토하는 대신에 다음과 같은 질문으로 이동하고 있다. 첫째, AI 산출물의 경제적 귀속은 누구에게 둘 것인가, 둘째, 침해·위법 발생 시 책임은 누구에게 물을 것인가, 셋째, 소비자에게 AI 산출물임을 어떻게 고지할 것인가이다. 이는 저자성 문제를 권리 부여의 문제가 아니라, 시장 질서와 책임 배분의 문제로 재구성하려는 흐름이다. 결국 인공지능 저작물의 저자성 대신 '귀속'과 '책임'을 어떻게 분배할 것인가, 누가 지는 것이 타당한가로 귀결되고 있다.

6. 향후 입법·정책적 시사점

첫째, 국제적으로 AI 산출물에 대한 일괄적 저자성 인정 가능성은 낮아지고 있다.

둘째, 저자성 대신 투명성·책임성·보상 메커니즘이 핵심 정책 수단이 될 가능성이 크다.

셋째, 저작권법 외부의 제도(부정경쟁방지법, 계약, 표준, AI 규제법)가 AI 산출물 문제를 보완하게 될 것이다. AI 산출물의 저자성에 대한 국제적 논의는 저작권법의 정체성을 재검토하게 만든다. 현행 국제 규범은 인간 저자성 원칙을 유지하면서, AI 산출물 문제를 직접적인 권리 인정이 아닌 간접적 관리와 책임 구조를 통해 해결하려는 방향으로 움직이고 있다. 이는 저작권법이 기술 변화에 대응하는 과정에서, 보호의 확장보다는 보호의 한계를 재정의하고 있음을 보여준다.

VIII

결론

1. AI 산출물의 '보호 공백'을 대체할 새로운 법적 수단은 있는가

(1) 보호 공백의 발생 구조

AI 산출물에 대해 국제적으로 저작권상 저자성을 부정하는 경향이 확립되면서, 다음과 같은 구조적 공백이 발생하고 있다. AI 산출물은 저작물로 보호되지 않고 그러나 현실에서는 경제적 가치가 있고 시장에서 반복적으로 유통되며 무임승차(free riding)의 대상이 되고 있다. 이로 인해 전통적인 저작권 보호가 부재한 영역에서 사실상 보호 필요성은 존재하는 역설이 나타난다. 최근 국제 논의는 이 공백을 저작권의 확장이 아닌, 대체적 법제 수단으로 해결하려는 방향으로 이동하고 있다.

(2) 부정경쟁방지법에 의한 간접 보호

1) 부정경쟁법의 기능적 장점

부정경쟁방지법은 본질적으로 "권리 부여"가 아니라 "시장 질서 보호"를 목적으로 한다. 이는 AI 산출물 보호 논의와 구조적으로 잘 맞는다. 예를 들어 저자성 불요, 창작성 불요, 인간 여부 불문, 부정한 이용 행위 자체를 규제하여 「부정경쟁방지 및 영업비밀보호에 관한 법률」 제2조 제1호 (차)목(성과도용 유형)은 AI 산출물 보호에 가장 유력한 대체 수단으로 평가된다.

2) 적용 구조

AI 산출물 보호에서 부정경쟁법은 다음과 같은 논리로 작동할 수 있다. AI 산출물 자체는 보호 대상 아니지만 대규모 투자·관리로 생성된 산출물을 경쟁자가 무단으로 복제·모방·전용하거나 시장에서 혼동·무임승차 발생하면 성과도용 또는 부정경쟁 성립으로 저지할 수 있다. 즉, 보호의 초점은 결과물의 창작성이 아니라 "투입된 비용·관리·노력과 경쟁 질서"에 있다.

(3) 데이터권(Data Right)을 통한 보호 가능성

1) 데이터권 논의의 배경

AI 산출물은 개별 창작물이라기보다 데이터 집합·출력물 묶음으로 기능하는 경우가 많다. 이에 따라 국제적으로는 저작권과 다른 새로운 재산권적 보호, 즉 데이터권(data right) 논의가 확산되고 있다. EU의 데이터베이스권(sui generis right)은 대표적인 선례이다. 이는 창작성이 없는 데이터 집합이라도 상당한 투자가 있는 경우 보호하는 구조이다.

2) AI 산출물과 데이터권의 결합

AI 산출물 보호에 데이터권을 적용할 경우, 보호 대상에 있어 개별 산출물은 권리를 인정할 수 없으나 체계적으로 축적·관리된 산출물 집합은 권리를 인정하는 것이다.

이러한 보호 근거는 창작성 없이 투자·관리·조직화한 데 대해 이를 인정해 주는 것으로서 AI 산출물의 특성과 매우 잘 부합하는 보호 방식으로 평가된다.

(4) 보호 공백 대체 모델의 국제적 공통점

국제적으로 공통되는 흐름은 AI 산출물은 '창작물'로 보호하지 않되, 그 결과를 둘러싼 시장 질서는 보호한다. 즉, 저작권은 아니지만 부정경쟁·데이터·계약 등으로 보호해야 한다는 사회적 분위기로 다층적 보호 구조가 형성되고 있다.

2. 우리나라는 어떻게 대응해야 하는가

(1) 인간 저자성 원칙의 유지

저작물을 "인간의 사상 또는 감정을 표현한 창작물"로 이해해 왔으며, 판례 역시 인간의 창작적 개입을 저작권 성립의 핵심 요소로 본다. 따라서 법원은 다음과 같은 3단 구조로 판단할 가능성이 매우 높다.

1단계: AI 산출물 자체의 저작물성 판단, 해당 산출물이 인간의 창작적 선택에 의해 형성되었는가? 아니면 AI의 자동적 산출 결과인가? 이 단계에서 AI 단독 산출물은 원칙적으로 저작물성을 부정할 가능성이 크다.

2단계: 인간 개입의 수준 평가, 다음으로 법원은 인간의 개입 정도를 정밀하게 검토할 것이다. 프롬프트 작성의 창작성 학습 데이터의 선별·조합, 출력 결과의 선택·편집·수정 등 이 중 실질적·창작적 선택이 인정되는 경우, 그 범위 내에서 부분적 저작권 인정이 이루어질 가능성이 있다. 즉, 전체 산출물은 아니지만 인간이 개입한 부분의 경우에서는 권리를 인정하는 분절적 판단이 예상된다.

3단계: 저작권 외 보호 수단 검토이다. 저작물성이 부정되더라도, 법원은 사건을 여기서 끝내지 않고 다음을 검토할 것이다. 부정경쟁 성립 여부, 불법행위 책임, 계약·약관 위반 여부가 그것이다. 이는 한국

법원이 전통적으로 취해 온 권리 공백 보완적 판단 구조와 일치한다.

(2) AI 산출물 표시 의무

1) EU

이러한 판결이 우리나라에서 대다수 나오는 것을 전제로 AI 산출물에 대한 라벨링 논의는 저자성 문제의 우회적 해결책으로 등장하였다. 즉, 저작권을 부여하지 않더라도 이용자에게 정보 제공, 시장의 신뢰 확보, 책임 주체 식별을 통해 AI 산출물의 유통을 관리하려는 접근이다.

EU는 AI Act를 통해 AI 산출물 표시 의무를 법적으로 명문화하였는데 이는 AI와 상호작용 함을 고지하고 합성 콘텐츠(deepfake) 표시 및 산출물 생성 사실의 투명화를 의미한다. EU 모델의 특징은 강행 규범이라는 점이다. 위반 시 과징금·시정명령이 가능하다. EU AI Act는 제52조를 통해 AI와의 상호작용 사실 및 AI가 생성·조작한 콘텐츠에 대한 표시 의무를 명문화함으로써, AI 산출물의 저자성 논쟁과는 별개로 이용자 보호와 정보 투명성을 확보하려는 규범적 접근을 취하고 있다.

[표] EU AI Act 'AI 산출물 표시' 구조도

조문	내용	의미
Art. 52(1)	AI와 상호작용 고지	"사람 vs AI" 구분
Art. 52(3)	AI 생성·조작 콘텐츠 표시	AI 산출물 라벨링 핵심
Art. 52(4)	예외	예술·수사 목적 등

EU의 AI 산출물 표시 관련 규정

Article 52 - Transparency obligations for certain AI systems (AI와의 상호작용 고지 의무)

Article 52(1)
Providers shall ensure that AI systems intended to interact directly with natural persons are designed and developed in such a way that the natural persons concerned are informed that they are interacting with an AI system, unless this is obvious from the circumstances and the context of use.

제52조 제1항
자연인과 직접 상호작용하도록 설계된 인공지능 시스템의 제공자는, 그 사용 맥락과 상황으로부터 명백한 경우를 제외하고, 해당 자연인이 인공지능 시스템과 상호작용하고 있다는 사실을 인지할 수 있도록 해당 시스템을 설계·개발하여야 한다.

챗봇, 음성비서, AI 상담원 등 "사람이 아닌 AI임을 고지"해야 하며 이는 AI 사용 사실 표시 의무의 기본 조항이다.

Article 52(3)
(AI가 생성·조작한 콘텐츠의 표시 의무 - 핵심 조항)

Article 52(3)
Providers of AI systems that generate or manipulate image, audio or video content that appreciably resembles existing persons, objects, places or other entities or events and would falsely appear to a person to be authentic or truthful ("deep fake"), shall ensure that the outputs of the AI system are marked in a machine-readable format and detectable as artificially generated or manipulated.

제52조 제3항
기존의 인물, 사물, 장소 또는 기타 실체나 사건과 현저히 유사하여 일반인에게 진실하거나 실제인 것처럼 오인될 수 있는 이미지·음성·영상 콘텐츠를 생성하거나 조작하는 인공지능 시스템의 제공자는 해당 인공지능 시스템의 산출물이 인공지능에 의해 생성되거나 조작된 것임을 기계 판독 가능한 형식으로 표시하고, 이를 탐지 가능하도록 보장하여야 한다.

AI 산출물 라벨링 목표의 핵심이 deepfake로 인한 오인 방지뿐 아니라, 사실상 모든 "오인 가능성 있는 AI 산출물" 포함하여 단순한 권고가 아닌 법적 의무를 규정하였다. 그리하여 기계 판독 가능한 형식("machine-readable format")이란 메타데이터, 워터마크, C2PA 등을 말한다.

Article 52(4)
(예외 규정 - 법집행·표현의 자유 고려)

Article 52(4)
The obligations laid down in paragraph 3 shall not apply where the use of the AI system is authorised by law to detect, prevent, investigate or prosecute criminal offences, subject to appropriate safeguards for the rights and freedoms of third parties, or where the content is part of an artistic, creative, satirical, fictional or analogous work, provided that appropriate safeguards are in place.

제52조 제4항
제3항의 의무는, 범죄의 탐지·예방·수사 또는 기소를 위하여 법률에 따라 인공지능 시스템이 사용되는 경우(제3자의 권리와 자유를 보호하기 위한 적절한 보호조치가 있는 경우에 한함), 또는 해당 콘텐츠가 예술적·창작적·풍자적·허구적 또는 이와 유사한 저작물의 일부인 경우로서, 적절한 보호조치가 마련된 경우에는 적용되지 아니한다.

표현의 자유·예술 보호를 위해 가능할 수 있으나 다만 "전면 면제"가 아니라 보호조치를 전제로 한다고 규정하였다.

2) 미국

미국은 라벨링을 직접 의무화하기보다, 자율·소비자보호 중심 모델로서 허위·기만 표시를 소비자보호법(FTC Act)으로 규율한다. 즉, AI 산출물임을 숨기고 인간 창작물처럼 표시하는 것은 기만행위로서 AI 사용 사실을 적절히 고지한다면 문제 되지 않는다. 그리하여 "의무적 라벨링"보다는 "기만 금지" 모델로 접근한다.

3) 일본과 한국

일본은 AI 활용 가이드라인을 통해 표시 권고를 중심으로 접근한다. 우리나라 역시 현재는 인공지능 기본법을 만들어 준칙을 제시하면서 처벌을 하는 강행 규정보다는 윤리 가이드·자율 규제에 무게를 두고 있다. 다만 우리나라는 표시를 하지 않아 소비자 혼동·거래상 불이익이 발생하면 표시의무 위반이 아니라 부정경쟁·불공정거래로 문제 될 가능성이 있다. AI 산출물의 저자성 문제는 저작권법의 확장만으로 해결되기 어렵다. 국제적으로는 저자성을 부정하면서도, 그로 인해 발생하는 보호 공백을 부정경쟁법, 데이터권, 계약, 표시 의무 등 다양한 수단으로 보완하는 다층적 접근이 확산되고 있다. 우리나라도 저작권법은 인간 창작 보호에 집중하고 AI 산출물은 시장 질서 보호 중심의 별도 규율로 관리하는 이원적 구조로 발전할 가능성이 높아 보인다.

3. 일본 저작권법 제30조의4에 대한 국제적 비판과 한계

(1) 권리자 보호 약화 논란

가장 큰 비판은 권리자 통제권의 사실상 소멸이다. opt-out 불가, 이용 목적 제한 없음 등 결과적으로 저작물의 대량 분석·학습에 대해 권리자가 법적으로 개입할 여지 거의 없다. 국제 출판·음악 단체들은 이를 "저작권의 기술적 무력화"로 비판해 왔다.

일본식 모델은 베른협약과 직접 충돌하지는 않지만, "3단계 테스트(three-step test)"의 정상적 이용 저해 여부, 권리자 정당한 이익 침해 여부와의 관계에서 지나치게 광범위하다는 지적이 있다.

(2) 출력 단계 침해 리스크의 집중

일본 모델은 학습 단계를 거의 완전히 개방한 대신, 출력 단계에 분쟁이 집중된다.

이는 결과적으로 사후 분쟁 규모 확대, 유사성 판단의 난도 증가라는 문제를 낳는다. 또한 AI-저작권 갈등의 '정치화'로 인해 일본식 모델은 명확하지만, 창작자 vs 기술기업이라는 정치적 대립 구도를 고

착화할 위험이 있다.

4. 우리나라 TDM 예외 입법 선택지

우리나라는 TDM(Text and Data Mining) 예외를 도입할 경우, 핵심 선택지는 단순하다. "AI 학습을 원칙적으로 자유화할 것인가, 조건부로 허용할 것인가"이다. 일본식 모델은 저작권법 제30조의4에 집약되는데 "저작물의 사상·감정을 향유하지 않는 이용은 원칙적으로 저작권 침해가 아니다"와 같은 지나친 열린 규정은 AI 산업·연구 경쟁력 즉각적 제고, 학습 단계 분쟁의 사실상 소멸, 기업의 법적 예측 가능성 극대화와 같이 AI·플랫폼·콘텐츠 산업이 동시에 강한 국가에서는 단기적으로 매우 매력적이다. 그러나 일본식 모델은 다음과 같은 법문화적 충돌을 일으킬 수 있다.

우리나라 저작권법은 전통적으로 권리자 보호 성향이 강한데 "opt-out 없는 전면 허용"은 창작자 단체의 강한 반발 가능성을 가져오고 헌법상 재산권 침해 논란 소지도 커질 것이다. 즉, 일본식 모델은 정책적 결단은 강하지만, 사회적 합의 비용이 크다.

한편 EU식 모델인 조건부·균형적 허용은 DSM Directive 제3·4조에 기반한 방식으로 연구 목적 TDM은 무조건 허용(opt-out 불가)하되 상업적 TDM은 선허용 정책이지만 권리자 opt-out 인정하는 방식이다. 다만 이때 전제 조건은 합법적 접근(legal access)이어야 한다. 즉, AI 학습을 허용하되 권리자 통제권을 일정 부분 유지하는 구조다. 이를 도입하면 국제 정합성(EU AI Act·DSM과 연계)은 높고 권리자 반발을 완화하여 단계적 제도 안착이 가능할 수 있어 EU식 모델은 한국의 합의 중심 입법 문화와 상대적으로 잘 맞는다. 그러나 opt-out 난립 시 대규모 AI 학습의 실효성 저하로 기술적으로 권리 유보 표준 부재가 문제 될 수 있으며 중소기업·연구자에게 컴플라이언스 부담이 증가할 것으로 보인다.

절충안으로서 비표현적 이용을 허용하되 상업적 대규모 이용에 한해 opt-out을 허용하고 관리·투명성·보안 의무 강화하여 학습은 자유, 관리와 책임은 엄격과 같은 입법을 고려해 보아야 할 것이다.

5. AI 출력물 유사성 판단 기준

그럼에도 불구하고 학습 단계의 적법성과 출력 단계의 침해성은 별도로 판단된다. 법원은 출력물에 대해 “실질적 유사성 + 접근 가능성 + 보호영역 침해”의 고전적 틀을 유지하되, AI 특성을 반영해 정황증거를 중시한다. 앞서 입법으로 학습 단계의 적법성을 확보한다고 하더라도 출력 단계에서 침해성이 명확하다면 이는 저작권법 침해가 될 수 있다.

단계별 출력 단계 침해성 판단

A. 1단계: 보호대상 확인(Copyrightability Gate)

- 원저작물이 보호대상인가?(사실·아이디어·기능 배제)
- 보호되는 표현 영역은 무엇인가?(선정·배열·구성 포함)
- AI 출력물이 독립 창작물로 볼 여지는 없는가?

그러므로 아이디어, 스타일 일반론은 보호되지 않는다. “수묵화 느낌”, “사이버펑크 분위기” 자체는 비보호될 것이다.

B. 2단계: 접근 가능성(Access)

- 원저작물이 공개되어 있었는가?
- AI가 해당 저작물을 학습했을 개연성이 있는가?
- 특정 작품을 지목하는 프롬프트나 시드가 존재하는가?
- 동일·유사한 출력이 반복 재현되는가?

AI 사건에서는 직접 증명 대신 개연성이 허용되는데 특정 작품명을 프롬프트에 사용한 기록, 재현성 있는 출력은 불리할 수 있다.

C. 3단계: 실질적 유사성(Substantial Similarity)

C-1. 질적 유사성(가장 중요)

- 독창적 요소(구성, 캐릭터 설정, 장면 전개)가 겹치는가
- 선정·배열·결합이 동일/근접한가
- '우연'으로 보기 어려운 고유 표현이 일치하는가

C-2. 양적 유사성

- 전체 중 핵심 부분이 차지하는 비중
- "짧지만 결정적" 요소의 동일성

부분 동일이라도 '핵심'적인 내용이라면 침해 인정이 가능할 수 있다.

D. 4단계: 변형성/독립성(Transformative Use)

- 출력물이 새로운 목적·의미를 갖는가?
- 원저작물의 시장 대체 가능성이 있는가?
- 출력이 원작을 회상하게 하는 수준을 넘는가?

단순 변주나 리믹스 같은 것은 위험하며 의미의 전환이 핵심이 될 수 있다.

E. 5단계: 재현성·정황증거(AI 특유 요소)

- 동일 프롬프트로 유사 결과 반복 가능?
- 메타데이터/로그가 특정 작품 접근을 뒷받침?
- 출력물이 원작의 오류/흠결까지 재현하는가?

동일 프롬프트로 유사한 결과가 계속 나오고 오류가 재현된다면 강력한 유사성 증거가 될 수 있다.

F. 6단계: 종합 판단

- 고위험: 특정 작품 지목 + 고유 표현 겹침 + 재현성
- 중위험: 스타일 유사 + 일부 구성 겹침(완화 요소 필요)
- 저위험: 추상적 스타일 + 독립 구성 + 의미 전환

6. 주체별 AI 저작권 침해 대응 방법

AI 생성물과 관련한 저작권 분쟁은 단순한 침해 여부 판단을 넘어, 사전 설계 단계에서의 관리체계, 분쟁 발생 직후의 기술·증거 대응, 관할별 법리 구성, 그리고 사후적 시정·합의 전략까지 전 주기적 대응 역량을 요구한다. 이에 따라 기업, 플랫폼 운영자, 창작자, 권리자 각각은 서로 다른 역할과 책임을 전제로 한 차별화된 전략을 수립할 필요가 있다.

(1) 기업(모델 개발·제공 주체)의 전략

1) 사전 예방

기업 차원에서 가장 핵심적인 대응은 분쟁이 발생하기 이전, 즉 설계(Design)와 거버넌스(Governance) 단계에서의 예방적 조치다. 데이터 측면에서는 학습 데이터에 대한 합법적 접근 경로를 명확히 증빙할 수 있어야 하며, 저작권자나 플랫폼에서 제공하는 opt-out 의사 표시가 실제 학습 파이프라인에 반영되었는지가 기술적으로 설명 가능해야 한다. 또한 미국 DMCA §1202 및 한국 저작권법 제104조의3과 연계하여, RMI/CMI(권리관리정보)가 훼손·삭제되지 않았음을 입증할 구조를 갖추는 것이 중요하다.

모델 측면에서는 출력물이 특정 학습 데이터를 그대로 재현하지 않도록 anti-memorization 설계와 유사성 필터링 시스템을 적용해야 한다. 이는 단순 기술적 안전장치가 아니라, 향후 소송에서 "출력의 독립성"을 뒷받침하는 핵심 근거로 기능한다.

문서화 역시 필수적이다. 학습 데이터의 범주를 요약한 설명서, 모델 업데이트 이력, 접근 로그, 감사 추적 자료는 ISO/IEC 27001, ISO/IEC 23894, EU AI Act의 기록·투명성 요구와 정합성을 이루도록 관리되어야 한다. 나아가 UI 차원에서는 "특정 작품 또는 특정 작가의 스타일을 모방하지 말 것"이라는 명시적 가드레일을 두어, 이용자의 침해 유도 가능성을 사전에 차단하는 것이 바람직하다.

2) 분쟁 초기 대응

분쟁이 제기되는 즉시 기업은 증거 보전 중심의 초기 대응 체계로 전환해야 한다. 문제 된 출력과 관련된 프롬프트, 시드값, 로그, 사용된 모델 버전의 스냅샷을 즉각적으로 보존함으로써, 사후 조작이나 은폐 의혹을 차단해야 한다.

동시에 출력물과 원저작물 간의 관계를 분석할 때에는 보호되는 표현 영역과 보호되지 않는 아이디어·스타일 영역을 구분한 비교 분석표를 작성하는 것이 중요하다. 이는 법원이나 규제기관에 제출할 설명 자료의 기초가 된다. 또한 동일한 프롬프트를 반복 입력했을 때 결과가 재현되는지 여부에 대한 내부 재현성 테스트를 실시하되, 기업에 불리한 결과가 확인될 경우에는 외부 공개를 신중히 관리할 필요가 있다.

3) 법리 구성

소송 국면에서 기업의 핵심 주장은 학습 단계와 출력 단계의 분리다. 즉, 학습은 표현을 복제하는 행위가 아니라 통계적 패턴을 추출하는 비표현적 학습(non-expressive learning)이며, 개별 출력은 해당 학습 결과를 바탕으로 독립적으로 생성된 결과물이라는 점을 강조한다.

아울러 문제 된 출력물이 원저작물의 시장을 대체하지 않는다는 점을 가격, 수요, 이용 목적, 대체 가능성 자료를 통해 입증해야 한다. 관할별로는 미국의 경우 공정이용 판단에서 변형성(transformative use)을, EU에서는 AI Act상 관리·투명성 의무 준수를, 한국에서는 고의·과실 부정과 함께 관리의무를 상당히 이행했다는 점을 전면에 내세우는 전략이 유효하다.

4) 합의 및 시정 옵션

분쟁이 장기화될 경우 기업은 실질적 위험 관리 차원에서 출력 차단이나 필터 강화와 같은 기술적 시정조치를 고려할 수 있다. 경우에 따라서는 특정 권리자와의 라이선스 또는 보상 합의, AI 생성물에 대한 크레딧 표기나 라벨링 합의를 통해 분쟁을 종결하는 것이 합리적일 수 있다.

(2) 플랫폼 운영자의 전략

플랫폼 운영자는 직접 생성 주체는 아니더라도, 유통 책임과 관리 의무 측면에서 중요한 위치를 차지한다. 핵심은 Notice & Action 체계의 실효성이다. 권리자로부터 통지를 받았을 경우 신속하게 삭제·차단 조치를 취할 수 있는 내부 절차를 갖추어야 하며, 반복적으로 침해를 일으키는 이용자에 대해서는 Repeat Infringer 정책을 일관되게 적용해야 한다.

또한 AI 생성물에 대해서는 관할별 요구사항을 충족하는 라벨링 정책을 마련해야 하며, 이용약관을 통해 이용자의 보증 책임과 플랫폼의 책임 범위를 명확히 하되, 소비자 보호 관점에서 과도한 면책으로 평가되지 않도록 공정성을 유지해야 한다.

(3) 창작자의 전략

AI를 활용하는 창작자 역시 분쟁 리스크에서 자유롭지 않다. 우선 프롬프트 단계에서 특정 작품이나 작가를 직접 지목하는 방식은 가급적 회피하는 것이 바람직하다. 생성된 출력물에 대해서는 후편집·재구성을 통해 독립적 창작성이 강화되었음을 외형적으로도 드러내는 작업이 필요하다. 특히 상업적 이용에 앞서서는 출력물이 기존 저작물과 실질적으로 유사한지 여부를 점검하는 사전 체크리스트를 활용하고, 필요하다면 권리자로부터 라이선스를 확보하는 것이 안전하다.

(4) 권리자 측 전략

1) 증거 수집

권리자 입장에서는 무엇보다 증거의 정밀성이 관건이다. 원저작물에서 고유한 표현 요소를 체계적으로 목록화하고, AI 출력물과의 질적 대응표를 작성함으로써 단순한 분위기 유사성이 아니라 표현 차원의 유사성을 부각해야 한다. 동일한 프롬프트를 반복 입력했을 때 유사한 결과가 나오는지에 대한 재현성 테스트 역시 중요한 증거가 된다.

2) 법리 선택

법적 수단은 단일하지 않다. 저작권법상 침해를 주장할 경우에는 실질적 유사성과 합법적 접근 가능성을 함께 입증해야 하며, 상황에 따라서는 부정경쟁방지법상 성과도용이나 혼동 유발을 주장하는 것이 더 효과적일 수 있다. 미국의 경우 소비자보호법을 통한 오인표시 주장, 또는 플랫폼 약관 위반을 근거로 한 계약책임 추궁도 고려 대상이 된다.

3) 구제 수단

구제 수단으로는 출력물의 임시중지나 차단을 우선적으로 청구할 수 있으며, 손해배상과 함께 부당이득반환을 병합 청구하는 전략도 가능하다. 경우에 따라서는 금전적 보상보다 크레딧 표시, 정정, 라벨링과 같은 비금전적 구제가 권리자의 실질적 이익에 부합할 수도 있다.

(5) 정리

결국 AI 저작권 분쟁은 어느 한 주체의 일방적 책임 문제라기보다, 기술 설계-운영 관리-이용 행태-권리 행사가 상호 맞물린 복합적 구조에서 발생한다. 따라서 각 이해관계자는 자신의 위치에 맞는 전략을 사전에 정교하게 설계하고, 분쟁 발생 시에는 관할별 법리와 증거 구조를 고려한 체계적 대응을 준비해야 한다. 국제조약에서 WCT 12

조나 WPPT 제19조가 금지하는 것은 어디까지나 권한 없이 RMI를 삭제하고 이를 변경하여 공중전달 하는 행위이다. 생성형 AI 기술을 서비스하는 많은 사업자는 전처리 과정에서 이것이 일괄 소실되어 데이터셋으로 제거된 상태의 유통, 공유되면 이를 위반하는 것이 될 수 있다. 실질적으로 출력물 자체의 동일성이나 권리 추적은 추론적으로 밝히기 어려울 확률이 높고 AI 산업을 위축시킬 수 있어 법원이나 입법이 선택하지 않을 확률이 높은 것이 사실이다. 다만 전자정보 중 개인정보와 권리관리정보를 구분하는 입법을 포함하여 훈련 데이터 투명성과 책임성을 가질 수 있도록 EU AI Act 제53조 (1)(d)에 따라 훈련에 사용된 콘텐츠의 충분히 상세한 요약을 작성하고 공개하는 의무를 다하도록 하되 EU 저작권법상 연구목적 TDM, 합법적 접근 TDM 등을 빠른 시일 내에 입법하여야 할 것이다. 그리하여 전 세계적으로 범용 생성형 AI 소프트웨어를 개발하거나 서비스를 제공할 예정인 기업의 경우 ① 학습데이터 출처 범주화(유형, 출처, 접근근거) ② 합법적 접근 증빙(계약, 구독, 오픈정책 등) 보관 ③ 옵트 아웃 신호 수집 및 반영한 로직(기계 판독) 정책화 ④ 전처리 단계(메타데이터, 워터마크, 식별자 처리 포함) 로그화 ⑤ 공개용 훈련데이터 요약본(Art53) 작성 및 업데이트 시 내역 프로세스 구축 ⑥ 분쟁대비(설명 가능 요약본, 내부문서, 로그)를 준비하는 지혜를 발휘하여야 한다.